Bettina Blaß

Glücksorte im Teutoburger Wald

Fahr hin & werd glücklich

D

Dieses

Glücksbuch

ist für

Liebe Glücksuchende,

auch wenn Geographen dabei die Haare zu Berge stehen mögen: Die Urlaubsregion Teutoburger Wald geht über den Höhenzug hinaus. Sie erstreckt sich über sechs Kreise sowie die kreisfreie Stadt Bielefeld und somit über mehr als 60 Kommunen. Entsprechend abwechslungsreich ist die Region, die nahezu deckungsgleich mit Ostwestfalen-Lippe (kurz: OWL) ist. Hier gibt es für Outdoor-Fans viele Wander- und Fahrradwege. Geschichtsfreunde finden Museen, Burgen und historische Stadtkerne. Und Genießer erfreuen sich an traditionellen Familienbetrieben sowie in stylishen Hotels, Bars und Restaurants. Ich habe die Vielfalt der Urlaubsregion Teutoburger Wald erst spät schätzen gelernt. Schuld daran hat – wie so oft – die Liebe. Mein Mann, ein gebürtiger Gütersloher, hat vor gut 17 Jahren meinen Weg gekreuzt. Und seitdem entdecken wir immer wieder neue Glücksorte im Teutoburger Wald. Ich hoffe, dass ich Ihnen mit der Zusammenstellung meiner Lieblingsplätze eine Freude bereite – und auch Sie ab sofort beim Entdecken dieser Orte Glücksgefühle haben werden.

Ihre Bettina Blaß

Deine Glücksorte ...

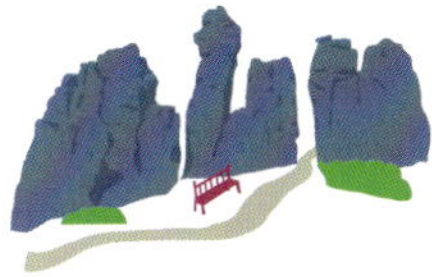

… noch mehr Glück für dich

Geschichte zum Anfassen

1 Spaziergang durch die Kleine Straße in Rheda

Wer durch die Kleine Straße in Rheda bummelt, kommt aus dem Staunen in diesem Idyll kaum heraus: Dicht an dicht stehen hier Fachwerkhäuser, eines hübscher als das andere. Fast jedes hat etwas Besonderes zu bieten: Da ist die große rote Eingangstür an der Hausnummer 4. Daneben säumt ein schmales Blumenbeet die Frontseite des Hauses. Bei einem weiteren Gebäude fallen die grün gestrichenen Fensterrahmen ins Auge. Und an vielen Häusern ist ein Spruch über dem Eingang in die Balken geschnitzt. Er steht für die Lebenseinstellung der Bauherren, kann aber auch ein Wunsch oder Bibelspruch sein.

Von den Infotafeln an einigen Häusern erfährt man, dass ihre Besitzer, beispielsweise Tonnies van Hollen und Heinrich zur Becken, am Ende des 17. Jahrhunderts „Erneuerer“ der Gebäude waren. Dementsprechend müssen die ursprünglichen Häuser noch älter sein. Clas Jörgen zum Recks beispielsweise ließ 1734 das Haus seiner Eltern wieder aufrichten. Es stammte ursprünglich aus dem Jahr 1620. Früher wohnten in der Kleinen Straße Tischlermeister, Schuh- und Zigarrenmacher, Glaser und natürlich Leineweber. Letzteren zu Ehren hat die Familie Blomberg, die 1989 das Haus der zum Recks in der Kleinen Straße 11 kaufte, ein privates Museum dort eingerichtet: das Leineweber- und Trachtenmuseum Rheda. Die zum Recks waren bis 1793 Leineweber. Im Museum zeigt die Familie Blomberg Arbeits- und Handwerksgeräte wie einen Webstuhl aus früheren Zeiten sowie Hauben und alte Trachten.

Der Bummel durch die Geschichte wird zudem dadurch perfekt, dass in der Kleinen Straße Kopfsteinpflaster liegt. Und wenn man vom Doktorplatz in die Straße einbiegt, erinnert ein Schild am Pumpbrunnen daran, dass hier die Altstadt von Rheda ist. Dazu passen die Straßenlaternen, die an alte Gaslaternen erinnern. Die vielen kleinen Blumenkübel vor den Häusern und in der Straße runden das idyllische Gesamtbild ab. Von der Kleinen Straße sind es zu Fuß nur wenige Minuten bis zum Schloss Rheda mit dem umliegenden Park.

TIPP

Den schönsten Blick in die Kleine Straße hat man vom Doktorplatz kommend vom Pumpbrunnen aus.

● Kleine Straße, 33378 Rheda-Wiedenbrück
Leinewebermuseum, www.leinewebermuseum-rheda.de
● ÖPNV: RE 6, Bahnhof Rheda-Wiedenbrück (etwa 8 Minuten Fußweg)

Im Pudding-Paradies

2 Besichtigung der Dr. Oetker Welt in Bielefeld

Liegt da etwa ein Hauch von Vanillearoma in der Lutterstraße in Bielefeld in der Luft? Kann gut sein. Zumindest ist es von hier nicht mehr weit zum Puddingwunder im Foyer der Dr. Oetker Welt. Stilecht in einem riesigen gelben Pudding ist der Automat untergebracht. Besucher müssen nur ein Löffelchen einklinken – und wenige Sekunden später haben sie den noch warmen Vanillepudding in der Tasse. Der Automat ist übrigens durch die großen Fenster auch von der Straße aus zu sehen. Und weil er nachts beleuchtet ist, ist er so etwas Ähnliches wie das geheime Wahrzeichen der Stadt.

Doch auch wenn der Puddingautomat der Liebling der Besucher ist: Es lohnt sich, weiter in die Dr. Oetker Welt vorzudringen, denn sie ist eine echte Schatztruhe für Entdecker. In dem Gebäude, in dem früher die Produktion untergebracht war, erfährt man seit 2005 viel über die Geschichte des Unternehmens, über Herstellungsprozesse in der Vergangenheit und heute und natürlich auch über die Marken, die zur Oetker-Gruppe gehören. Die Ausstellung ist multimedial und interaktiv. So laufen überall Videos, und die Besucher bekommen Kopfhörer, um sich die Geschichten der Mitarbeiter rund um die Sackausklopf- oder die Flachbeutelfüll- und -verschließmaschine anzuhören. An speziellen Terminals gibt es spannende Fakten rund um die Firma: Beispielsweise, dass Dr. Oetker mit der Zahl der pro Jahr in Deutschland verbrauchten Salamischeiben für die Pizza eine Fläche in der Größe des Fürstentums Monaco bedecken könnte.

TIPP

An warmen Tagen Kühltasche mitbringen, um gekühlte Produkte heil nach Hause zu bringen.

Auch hinter Türchen zum Öffnen lauern Schätze: historische Werbeanzeigen oder internationale TV-Spots beispielsweise. Wer sie entdeckt, fühlt sich ein bisschen wie auf einer nostalgischen Zeitreise. So wird es auch einigen Besuchern gehen, die am Ende der „Himmelsleiter" genannten Treppe Kochbücher in der Vitrine wiedererkennen, die sie schon als Kinder in den Küchen ihrer Eltern und Großeltern gesehen haben. Ein Bummel durch den Dr. Oetker Shop macht den Besuch rund.

● Dr. August Oetker KG, Lutterstraße 14, 33617 Bielefeld
www.oetker-gruppe.de
● ÖPNV: Stadtbahn 1, Haltestelle Bielefeld-Gadderbaum, Bethel

Einmal Fürstin sein

3

Das Hotel zur Fürstabtei in Herford

Wer schon immer mal mit einem Krönchen am Kopfende des Bettes schlafen wollte, wird sich im Hotel zur Fürstabtei, in einem 400 Jahre alten denkmalgeschützten Fachwerkhaus mitten in der Stadt, nahe an der Münsterkirche in Herford, wohlfühlen. Das Besondere an dem Hotel mit 20 Zimmern: Es war früher ein Verwaltungsgebäude der Stiftsdamen des Klosters. Der Frauenkonvent war auch als Reichs- oder Fürstabtei bekannt und galt als eines der kulturellen und geistigen Zentren Deutschlands. Die dort lebenden Damen aus besseren Familien waren einflussreich – und prägten über viele Jahre die Entwicklung Herfords. Das ist für diese Zeit sehr ungewöhnlich. Auch darum wird Herford gerne als „Stadt der starken Frauen" bezeichnet.

Neben dem Krönchen über dem Bett erinnert noch mehr an die Zeit des Frauenstifts in Herford, denn es gibt Zimmer mit so klangvollen Namen wie „Königin-Mathilde-Zimmer". Mathilde ist in Enger, nicht weit von Herford, geboren und wurde im Frauenstift unterrichtet. Ihre Großmutter war dort Äbtissin. Frühstück gibt es stilecht im Fürstinnensaal. Dort hängen die Porträts von sieben starken Herforder Frauen aus dem Umfeld des Konvents und schauen den Gästen dabei zu, wie diese sich am Buffet aus regionalen Produkten ihre erste Mahlzeit des Tages zusammenstellen. Hier wie auch an vielen anderen Stellen im Gebäude wird Gold als Farbe sparsam an Türen und Decke eingesetzt. Im Erdgeschoss gibt es außerdem das Königszimmer, in dem Gäste lesen oder gemütlich beisammensitzen können. Und über der Eingangstür hängt das Wappen der ehemaligen Abtei. So wird der fürstliche Charakter der Unterkunft erneut unterstrichen.

TIPP
Über die Hotelhomepage können die Zimmer günstiger sein als auf den bekannten Plattformen.

Passenderweise wird das Hotel zur Fürstabtei von einem reinen Frauenteam geleitet. Das wiederum arbeitet ausgesprochen lösungsorientiert und versucht, alle Wünsche der Gäste zu erfüllen. So fühlt sich der Aufenthalt im Hotel zur Fürstabtei an, wie zu Hause zu sein.

- Hotel zur Fürstabtei, Elisabethstraße 9, 32052 Herford
www.fuerstabtei.de
- ÖPNV: Vom Bahnhof Herford etwa 10 Minuten Fußweg

Das Rundum-Wohlfühl-Paket

4 Im und am Kurpark von Bad Salzuflen

Täglich klassische Musik, ein Stück Kuchen im Strandkorb vor der Wandelhalle – und natürlich die gute, salzhaltige Luft: Besucher in Bad Salzuflen können sich im Kurpark so richtig verwöhnen lassen. Das Kurorchester spielt bei gutem Wetter draußen, im Winter in der Konzerthalle. Mal ist es die beschwingte Musik von Johann Strauß, mal sind es die verspielten Töne von Mozart. Entspannend ist es auf jeden Fall immer. So wie auch eine Atemwanderung mit der Tai-Chi- und Qi-Gong-Lehrerin Gisela Wagner. Sie empfiehlt Einsteigern an den Gradierwerken die Wechselatmung, um sich mit der salzhaltigen Luft etwas besonders Gutes zu tun: Dazu hält man sich immer ein Nasenloch zu. Zu Beginn atmet man links ein und rechts aus, dann rechts ein und links aus – und so weiter über mehrere Minuten. So bringt man seine Atmung unter Kontrolle, kommt im Hier und Jetzt an und beugt auch noch Erkältungskrankheiten vor.

Die Gradierwerke sind in Bad Salzuflen die Hauptattraktion: Bis zu 600.000 Liter Sole rieseln jeden Tag über die Schwarzdornwände und lassen diese durch den Einfluss von Sonne und Wind braun-gelb werden. Wer auf einer der vielen Bänke davor Platz nimmt und dem leisen Plätschern der Sole lauscht, gibt der Seele und dem Immunsystem einen Extra-Kick. Auch Yoga und Qi Gong können die Besucher in Bad Salzuflen an den Gradierwerken und im Kurpark machen. Dazu benötigen Übernachtungsgäste nur ihre Kurkarte, die sie in ihrer Unterkunft erhalten, Tagesgäste können sie am Automaten lösen.

TIPP
Vor dem Besuch im Internet schauen, welche Veranstaltungen angeboten werden.

Mit dieser Karte bekommen Besucher in der Wandelhalle am Trinkbrunnen auch Solewasser aus den hiesigen Quellen. Die Sole soll entgiftend wirken und die körpereigenen Abwehrkräfte stärken. Im Kurpark gibt es außerdem einen Barfußpfad und gemütliche Holzliegen. Wird der Kurpark zu klein, bietet es sich an, an der Salze entlang weiterzugehen oder einen Spaziergang bis in den Stadtwald zu unternehmen. Über den großen Kurparksee können Besucher außerdem in historischen Booten rudern.

- Kurpark, Parkstraße, 32105 Bad Salzuflen
  www.staatsbad-salzuflen.de
- ÖPNV: Vom Bahnhof Bad Salzuflen etwa 10 Minuten Fußweg

Im Park des Staunens

5

Der Gräfliche Park in Bad Driburg

180.000 Tulpen, Krokusse und Narzissen im Frühjahr, Lilien im Sommer und 40 Hirsche und Rehe im zaunlosen Wildgehege zu jeder Jahreszeit: Im Gräflichen Park in Bad Driburg gibt es viel zu sehen. Die jahrhundertealten Bäume wurden so angepflanzt, dass es im Park Sichtachsen gibt – beispielsweise zwischen dem Hölderlin-Gedenkstein im gleichnamigen Hain und der Diotima-Büste auf der kleinen Insel im See. So wird die verbotene Liebe zwischen dem Dichter und der Frau seines Auftraggebers, die sich auch in Bad Driburg abspielte, symbolisiert. Trotzdem wirkt der Park – typisch englischer Landschaftsgarten – ganz natürlich mit seinen geschwungenen Bodenlinien, die die Wege zwischen den Attraktionen gut verstecken. Folgt man ihnen durch den Park, kommt man an Gärten vorbei, die von internationalen Designern kreiert wurden. Da ist beispielsweise der Rosengarten des Briten Peter Coates oder der Heckengarten, für den die englische Bildhauerin Angela Connor einen Brunnen gestaltet hat. Von oben betrachtet sieht er aus wie ein Yin-und-Yang-Zeichen.

TIPP

Den Aussichtsturm im Irrgarten besteigen und den Blick genießen.

Zwei besondere Highlights im Park sind gut versteckt – jedes auf seine Weise. Der Aussichtsturm von „Kopf und Körper Bad Driburg" von Michael Sailstorfer ist zwar schon aus der Ferne gut zu sehen. Doch um ihn zu erklimmen, muss man die mannshohen, dichten Hecken des ihn umgebenden Labyrinths umgehen. Selbst wenn der Turm zum Greifen nah scheint, steht man immer wieder vor einer Hecke. Die zweite besondere Sehenswürdigkeit erreichen Gäste, wenn sie nach dem Damgehege einen guten Kilometer im Wald den Rosenberg aufwärts gehen. Dann kommen sie zum Mausoleum. Es ist die Begräbnisstätte der gräflichen Familie von Oeynhausen-Sierstorpff, die als Kulisse für einen Vampirfilm dienen könnte. Der Gräfliche Park, der gleichzeitig der Kurpark von Bad Driburg ist, soll bis zum Jahr 2030 auf 180 Hektar erweitert werden. Das entspricht fast einer Verdreifachung der Fläche. Geplant sind unter anderem eine Hängebrücke, ein Aussichtsturm und ein Weinberg.

- Gräflicher Park, Brunnenallee 1, 33014 Bad Driburg
  www.graeflicher-park.de/park
- ÖPNV: Vom Bahnhof Bad Driburg etwa 10 Minuten Fußweg

Belebt von Kopf bis Fuß

6 Auf dem Barfußpfad in Bad Wünnenberg

Durch Sand, über feine Kiesel, Holz und harte, raue Lavasteinchen bis zum Schlammbecken und dann in den kühlenden Bachlauf steigen – das kann bei gutem Wetter jeder. Doch so wie an kühleren Tagen die Überwindung größer ist, Schuhe und Strümpfe auszuziehen und auf dem Barfußpfad in Bad Wünnenberg zu spazieren, so ist auch die Wirkung auf den Körper größer. Denn wenn es kalt ist, ist der Reiz auf den Körper und für die Organe höher – und somit die Wirkung besser, sagen Physiotherapeuten und Sebastian-Kneipp-Experten. Also: Schlechtes Wetter gibt es für den Barfußpfad nicht! Höchstens perfektes Kneipp-Wetter. Beim Barfußgehen gönnen sich die Gäste der Anlage übrigens eine ganzheitliche Belebung, denn sie regen damit das Herz-Kreislauf-System an, stärken ihre Abwehrkräfte und senken den Blutdruck.

TIPP

Beim Rückweg zumindest kurz bei den Ziegen, Schafen und dem Damwild im Tiergehege vorbeischauen.

Besonders spannend wird es beim Barfußpfad am Lehmtretbecken. Hier muss man sich nämlich ganz auf seine Füße verlassen, da man den Boden nicht sehen kann. Die Füße sind immer auf der Suche nach festem Halt und ertasten darum den Grund ganz vorsichtig. Der Schlamm selbst ist weich, fast seidig. Viel zu selten gehen Erwachsene so sorglos und freudig wie einst als Kinder hindurch, ohne sich Gedanken zu machen, dass etwas schmutzig werden könnte. Weiter geht's danach auf der Ein-Kilometer-Strecke rund um den Paddelteich – über piekende und somit aktivierende Kiesel bis zu großen Steinen. Über Letzteren kann sich das Fußgewölbe wohltuend dehnen. Insgesamt bekommen die Füße auf dieser Strecke 24 ungewohnte Untergründe zu spüren. Zurück am Ausgangspunkt spürt man schon beim Anziehen der Strümpfe, wie warm die Füße plötzlich durch die gute Durchblutung werden. Wem der Barfußpfad zu lang ist: Im Aatal gibt es auch ein traditionelles Kneipp-Armbad und ein Wassertretbecken, durch das man am besten im Storchengang schreitet. Bei gutem Wetter bietet es sich danach an, eine der vielen Holzliegen im Park zu nutzen, um die wohlige Entspannung zu genießen.

- Naturerlebnis Aatal, Im Aatal 1, 33181 Bad Wünnenberg
www.bad-wuennenberg-touristik.de
- ÖPNV: Ab Paderborn Hauptbahnhof Bus R 10, Haltestelle Bad Wünnenberg Burgstraße

Wo der Wind Flügel dreht

7

Windmühle Südhemmern und Mittellandkanal

Es ist ein Anblick, der entzückt: Auf einer leichten Anhöhe und in bestem Zustand bietet die Windmühle Südhemmern ihre Flügel dem Wind dar, umgeben ist sie von restaurierten Kotten. Dazwischen gruppieren sich rustikale Holzbänke um alte Mühlsteine, die als Tisch dienen. Um den liebevoll gestalteten Platz kümmert sich die Mühlengruppe Südhemmern. Seit 1980 ist die Mühle wieder für die Öffentlichkeit in Betrieb. Sie war die erste, die im Zuge des einzigartigen Mühlenerhaltungsprogramms restauriert wurde. Ursprünglich wurde die Mühle 1830 als sogenannter hölzerner Achtkant erbaut, heute ist sie jedoch ein Wall-Holländer. „Wall", weil sie auf einem künstlichen Erdwall steht, um das Flügelrad höher in den Wind zu bringen. Und „Holländer", weil sie eine drehbare Kappe hat, die von einem holländischen Ingenieur erfunden wurde.

In der Windmühle Südhemmern wird an speziellen Tagen gemahlen und im Backhaus in den historischen Steinöfen gebacken. Im ehemaligen Wohnhaus des Müllers erfahren die Gäste, wie Flachs verarbeitet und Zigarren gedreht wurden. Die Mühle ist im Sommer etwa einmal im Monat auch mit den Mindener Fahrtgastschiffen erreichbar. Wer ein Ticket bucht, fährt mit dem Boot von Minden zur Mühle und nach einem Aufenthalt mit der Mindener Museumseisenbahn zurück. Der Kreis Minden-Lübbecke ist auch als Mühlenkreis bekannt, denn hier stehen noch über 40 Windmühlen, die man bei Tagestouren mit dem Fahrrad auf den Mühlenrunden erkunden kann. Die Windmühle Südhemmern liegt an der Route „Rund um Minden".

Wem eine Tagestour mit dem Fahrrad zu lang ist, der geht die wenigen Schritte bis zum Mittellandkanal, dort führt eine Brücke auf die andere Seite. Nahe am Wasser führt ein schöner Weg dann nach links Richtung Minden. Hier kann man die Gedanken mit dem Wasser davontreiben lassen und seine persönliche Draußen-Zeit noch etwas verlängern. An der nächsten Brücke angekommen, kehrt man wieder am Mittellandkanal zur Windmühle zurück oder wählt den Weg durch den hübschen Ort.

● Windmühle Südhemmern, Mühlenheide 22, 32479 Hille-Südhemmern
www.muehlenverein-minden-luebbecke.de
● ÖPNV: Ab Minden ZOB Bus 605 oder 512,
Haltestelle Hille-Südhemmern, Specken

Wechselbank der Gefühle

8

Blick auf den Emssee in Wiedenbrück

Lust auf Trubel und Leben? Oder eher auf der Suche nach etwas Ruhe, um mal runterzukommen? In Wiedenbrück kann man beide Wünsche in Sekundenschnelle umsetzen. Am Konrad-Adenauer-Platz bei der St.-Aegidius-Kirche steht als Ausgangspunkt nämlich eine Sitzbank ohne Lehne. Wer sich hier niederlässt, kann wählen, welche Atmosphäre der Stadt gerade am besten zur eigenen Gemütsverfassung passt und wo es einen hinzieht: Ist es der Blick auf den Platz, auf dem Flaneure im Bücherschrank nach neuer Lektüre suchen? Über den Radler fahren, Hundebesitzerinnen spazieren gehen? Und Eisliebhaber im La Luna auf der linken Seite des Konrad-Adenauer-Platzes die kühlen Köstlichkeiten genießen?

Oder braucht man gerade etwas mehr Muße und Besinnlichkeit? Dann ist der Blick in die andere Richtung die bessere Wahl. Von der Wechselbank der Gefühle sieht man nämlich mit dem Rücken zur Kirche und zur Stadt zunächst auf die Ems. Mit etwas Glück ist sogar eine Entenfamilie auf dem gemütlich dahinfließenden Fluss unterwegs.

Hebt man den Kopf etwas an und schaut über das schmale, grasbewachsene Flussufer, so öffnet sich dort der Emssee. In ihm spiegeln sich die Bäume und Büsche, die am Ufer wachsen, die Sonne setzt glitzernde Akzente und einige Vögel sind auf der Suche nach Nahrung auch unterwegs. So bietet sich das perfekte Panorama, um etwas Ruhe in die Hektik des Alltags zu bekommen.

Der Konrad-Adenauer-Platz bildet das westliche Ende der hübschen Wiedenbrücker Altstadt mit ihren vielen Fachwerkhäusern und individuellen kleinen Läden. Über die Brücke links der Emstreppe mit den Sitzmöglichkeiten kommt man auch in den Flora-Westfalica-Park. Dort kann man sich noch etwas die Beine im Grünen vertreten, nachdem man den Blick auf den Platz oder den See ausgiebig genossen hat. Im Seecafé am Wasser gibt es außerdem Frühstück und Mittagessen für alle die, die nicht nur den Geist, sondern auch den Körper stärken wollen.

- Konrad-Adenauer-Platz, 33378 Rheda-Wiedenbrück
- ÖPNV: Bus 79, Haltestelle Rheda-Wiedenbrück Ratskeller (etwa 2 Minuten Fußweg)

Global und doch regional

9

Ein Abend im Faces Restaurant in Bielefeld

Von der Bar klingen englische Wortfetzen durch den Raum, vom Nachbartisch hört man ein wenig Französisch, n'est-ce pas? Wer an Fernweh leidet, kann sich im Restaurant Faces im Légère Hotel in Bielefeld einen Abend lang in die Hauptstädte der Welt versetzen lassen. Das Beste daran: Diese Auszeit vom Alltag ist möglich, ohne viele Kilometer auf der Straße oder in der Luft zurücklegen zu müssen, denn vor allem die Geschäftsreisenden, die unter der Woche hier zu Abend essen, kommen aus vielen Ländern. Entsprechend weltläufig kann sich also ein Besuch gestalten. Passend dazu sind die Wände im Restaurant mit großformatigen Porträts von Menschen aus aller Welt geschmückt.

Die Küche des Restaurants hat sich an den internationalen Geschmack der Gäste angepasst. Angeboten wird das, was in vielen Ländern gerne gegessen wird: Burger, Suppen, Pasta. Allerdings ist jedes Gericht mit einem Hauch Exotik verbunden. So gibt es die Kürbissuppe mit Kokos, die Pasta nicht mit Tomaten-, sondern mit Thymian-Zitronen-Soße und Gyros aus Hähnchenfleisch. Auf keinen Fall sollte man sich die Drinks entgehen lassen, die im Faces serviert werden, denn mit einem Harmony Whiskey Sour mit Orangen-Whiskey oder einem No more Stress mit Wodka, Vanille und Rhabarber stehen weitere ungewöhnliche Kreationen auf der Karte. Was die Bar im Faces besonders macht: Sie hat viele Produkte aus der Region Teutoburger Wald im Angebot. So gibt es dort Leineweber Bier, Gin Lossie, Rübe Wodka und Teutonic Tonic Water – alle von hiesigen Unternehmen. Wer sich für einen Gin von Lossie, gemischt mit dem Teutonic Tonic Water, entscheidet, holt sich also den Geschmack des Teutoburger Waldes ins Glas.

TIPP

Es kann voll werden im Restaurant und an der Bar. Besser reservieren!

Das Restaurant und die Bar mit den rund 80 Plätzen gehören zum Légère Hotel am Neumarkt. Die 120 Zimmer sind in warmen Braun-Tönen in der Kombination mit hellem Grau gehalten. Im Nachbarhaus ist das etwas günstigere Légère Express mit weiteren 112 Zimmern und einem Selbst-Check-in untergebracht.

- Faces Restaurant & Bar, Neumarkt 2, 33602 Bielefeld
  www.legere-hotelgroup.com
- ÖPNV: Vom Hauptbahnhof Bielefeld etwa 10 Minuten Fußweg

Warm ums Herz

10 In der Sauna im H_2O in Herford

Umgeben von klirrenden Eisschollen, knisternden Lagerfeuern oder leise dahinrauschenden Bächen, die Füße im kühlenden Wasser – und trotzdem ordentlich erhitzt? Das ist in der Panoramasauna im H_2O in Herford möglich. Dort sitzen die Gäste im Kreis um eine Wasserquelle. Ihre Füße baumeln in einem Wassergraben, während die Sauna mit 65 Grad Celsius wärmt. Rundum laufen großformatige Naturszenen aus aller Welt mit den entsprechenden Tönen und Farbspielen ab. Neuerdings gibt es auch ein Video mit Impressionen aus dem Teutoburger Wald und von den Externsteinen. Doch die Panoramasauna, Vesitorni genannt, ist nicht der einzige ungewöhnliche Ort in dieser Saunalandschaft: So locken beispielsweise auch ein Schneeraum mit Kunstschnee, eine Salzsauna mit Gradierwerk oder die Showsauna Vaikutus.

TIPP

Für ein Plus an Ruhe eine von 15 Liegen in der Wohlfühllounge buchen.

Die insgesamt zehn Saunen und der Dampfraum sind umgeben von viel Grün, Bächen und kleinen Seen, in denen Kois schwimmen. Hier laden viele kleine versteckte Ruheflächen mit Liegen zum Entspannen ein. Der schönste Platz für eine Verwöhnpause vom Alltag liegt am Ende eines Stegs: Wer sich hier auf den beiden Liegen niederlässt, hat besonders viel Privatsphäre und einen beruhigenden Blick aufs Wasser und die Fische. Wem es draußen zu kalt wird, der findet sicherlich auch in einem der Ruheräume einen passenden Ort – vielleicht sogar eine beheizte Wärmeliege. Bekannt ist die Saunawelt des H_2O auch für ihre ungewöhnlichen Aufgüsse: Denn hier wird nicht nur mit Düften wie Tokio-Minze oder Rosmarin-Grapefruit der Erholungsfaktor gestärkt. Bei den Event-Aufgüssen fliegen auch Fächer durch die Luft und es wird Musik gespielt. Nicht verwunderlich, wenn man weiß, dass sich das Team des H_2O an den Deutschen Aufgussmeisterschaften beteiligt und dort regelmäßig sehr gut abschneidet. Wer genug Entspannung in der Saunawelt hatte, kann natürlich auch das zugehörige Freizeitbad mit Röhrenrutschen und Wildwasserkanal besuchen. Dort ist allerdings eher Action statt Wellness angesagt.

- H_2O Herford, Wiesestraße 90, 32052 Herford
  www.h2o-herford.de
- ÖPNV: Ab Herford Alter Markt Regionalbus 433, Haltestelle Freizeitbad H_2O

Namaste in Bad Salzuflen

11

In der Bar Spirit of India in der Altstadt

Zumindest gedanklich abtauchen kann man in der Bar Spirit of India in Bad Salzuflen. Denn kaum ist man durch die Holztür in das kleine Häuschen in der Altstadt eingetreten, fällt der Blick auf das blau leuchtende Aquarium mit vielen bunten Fischen. 2500 Liter Meerwasser fasst es. Und wer direkt daneben in einer der kleinen Nischen mit Blick in die Unterwasserwelt einen Platz ergattert, kann jede Alltagsroutine eine Weile hinter sich lassen. Das Spirit of India hat im Erdgeschoss 25 Plätze, im Obergeschoss sind Tische für größere Gruppen. Schummriges Licht, viel Holz und filigrane Schnitzereien machen die Bar zusätzlich gemütlich.

Das Aquarium ist jedoch nicht das einzige Besondere an der Tiki-Bar. Auch die Einrichtung und die Dekoration sind ungewöhnlich: Lampenschirme aus buntem Glas, Elefantenfiguren, Statuen kleiner Krieger und Masken. All diese liebevoll ausgesuchten Elemente seien aus Indien importiert worden, sagt Christian Steffen, einer der Geschäftsführer. Damit soll das typische Gute-Laune-Feeling von Tiki-Bars für den Kurzurlaub in der eigenen Stadt sorgen. Steffen hat auch einige der Cocktails kreiert, die auf der Karte stehen, beispielsweise Sweet Elise mit Wodka und Amaretto zur Geburt seiner Tochter. Die Cocktailkarte umfasst insgesamt sieben Seiten, hier sollte also jeder fündig werden. Unter den „Amazing Top 6 Cocktails" stehen Klassiker, die im Spirit of India neu definiert werden. Da ist beispielsweise ein Mojito, der in Bad Salzuflen mit Himbeere, Brombeere und Erdbeere sowie Cassis gemixt wird. Paare können sich auch für einen der Sharing Cocktails entscheiden. Bollywood für zwei beispielsweise mischt Rum mit Kokosnuss und Blue Curacao. Wer nicht so auf bunte Mischungen steht, hat eine große Auswahl an Rum, Whiskey oder Gin aus aller Welt. Speziell von Letzterem findet man zum Beispiel Sorten aus Japan, Indien, den Niederlanden oder Frankreich. Gäste, die keinen Alkohol möchten, stehen bei der Rubrik „Musst du noch fahren?" vor der Qual der Wahl.

TIPP

Am Wochenende und zu Messezeiten kann es voll werden. Dann besser reservieren!

- Spirit of India, Schießhofstraße 20, 32105 Bad Salzuflen
www.hotel-lippischer-hof.de/gastronomie/spirit-of-india
- ÖPNV: Vom Bahnhof Bad Salzuflen etwa 9 Minuten Fußweg

Einfach mal runterkommen

12 Im Hotel Gräflicher Park in Bad Driburg

Auf der Suche nach einer kleinen Alltagsflucht? Das Hotel Gräflicher Park Health & Balance Resort in Bad Driburg bietet dafür eine wunderbare Gelegenheit. Es liegt mitten in einem englischen Landschaftspark mit jahrhundertealten Bäumen. Die Gäste übernachten in einem der sechs historischen Logierhäuser, deren traditionelle Bauweise mit Stroh und Lehm man auch bei den Sanierungen erhalten hat. Innen entsprechen die Räume jedoch allen heutigen Anforderungen, gepaart mit einer zeitlosen Eleganz der Einrichtung, wie man sie in einer gräflichen Unterkunft erwartet. Frühstück mit Pastrami, Lachs, aber auch veganen Produkten und ein mehrgängiges Abendessen werden im Restaurant Caspar serviert. Dort sitzen die Gäste in einem großen Raum mit hohen Bücherregalen und weißen Möbeln und Fensterrahmen. Die vorherrschende Farbe hier ist Rot, was den Raum mit seinen großen Fenstern zum Park besonders gemütlich macht. Wer mehr will, als stilvoll übernachten und gut essen, genießt ausgedehnte Spazierrunden im umliegenden Park und Wald, danach einen Gang in die Sauna und ins Schwimmbad oder bucht einen Yoga- oder Pilates-Kurs. Zusätzlich bietet das Hotel in seinem Spa-Bereich viele unterschiedliche Anwendungen an: Milch-Salz-Peeling, Körperpackung mit Klopf- und Fußmassage oder eine Massage mit warmen Lavasteinen intensivieren das Entspannungserlebnis. Ganz der über 240-jährigen Tradition verpflichtet, bietet das Medical Spa in den historischen, aber mit viel Feingefühl restaurierten Badehäusern außerdem Moorbäder an. Sie erzeugen eine Art künstliches Fieber und stärken so nachhaltig die Abwehrkräfte des Körpers. Das Moor wird in der Regel direkt hinter den Badehäusern gestochen und in der hauseigenen Moorküche aufbereitet. Nach der Benutzung wird es zurück in ein Moorbecken geleitet und regeneriert dort über die kommenden Jahre. Im Gräflichen Park Health & Balance Resort können Gäste auch an Fastenkuren wie der nach F.X. Mayr teilnehmen.

TIPP

Nach dem Moorbad noch ausreichend Zeit einplanen, um den vollen Erholungseffekt zu spüren.

- Gräflicher Park Health & Balance Resort, Brunnenallee 1, 33104 Bad Driburg www.graeflicher-park.de
- ÖPNV: Vom Bahnhof Bad Driburg etwa 10 Minuten Fußweg

Der Blick in den Himmel

13

In der Kirche Maria Immaculata in Büren

Weiße Stufen führen nach oben. Rote Marmorsäulen, verziert mit goldenen Kapitellen zum Abschluss, scheinen sich gen Himmel zu strecken. In der Mitte schwebt der Heilige Geist als Taube und sendet seine Strahlen aus, über ihm steigen Engel und Putten in dem perspektivischen Gemälde in die blau schimmernde Unendlichkeit hinauf. Dieses farbenfrohe Fresko ist eines von vielen, die Besucher der Kirche Maria Immaculata in Büren bei Paderborn betrachten können. Jedes für sich genommen verdient Aufmerksamkeit, aber es ist der Gesamteindruck des Kircheninneren im Rokoko-Stil, der Maria Immaculata besonders macht: Die in Weiß und Rosa gehaltenen Wände verleihen der Kirche trotz ihrer Größe eine ungewöhnliche Leichtigkeit. Der hohe goldene Altar, die Deckengemälde mit den wichtigsten Stationen aus dem Leben Marias – es gibt viel zu entdecken an diesem spirituellen Ort. Von außen sieht man dem „Jesuitenkirche" genannten Gebäude diese paradiesische Vielfalt nicht an: Zwar wird man von einem aufwändigen Portal am Haupteingang begrüßt, aber die gedeckt gelblichen Töne der Barockfassade wirken im Gegensatz zur opulenten Farbigkeit im Inneren eher zurückhaltend. Die Kirche wird durch ein ehemaliges Wirtschaftsgebäude und das danebenliegende Gymnasium, das einst ein Jesuitenkolleg war, ergänzt. Das Ensemble schmückt die Bürener Innenstadt seit 250 Jahren.

Maria Immaculata gilt als eines der wichtigsten Barockgebäude in ganz Nordrhein-Westfalen und ist eine der wenigen Kirchen nördlich des Mains, die italienisch geprägt ist. Grundsteinlegung der Kirche war 1756, gebaut hat man sie nach den Plänen von Franz Heinrich Roth. Er war Baumeister des Kurfürsten Clemens August von Köln und hat unter anderem Burg Lüftelberg bei Meckenheim zu einem Barockschloss umgebaut. In den 1760er-Jahren entstanden in Maria Immaculata die Fresken und Stuckarbeiten, 1771 war der Hochaltar fertig. Der Jesuitenorden wurde zwei Jahre später aufgelöst. Maria Immaculata verweist auf die „unbefleckte Empfängnis".

TIPP

In der Traditionsbäckerei Goeken, nur wenige Schritte entfernt, gibt es Kaffee und luftige Torten.

- Maria Immaculata, Burgstraße 2, 33142 Büren
  www.bueren.de
- ÖPNV: Ab Paderborn Hauptbahnhof Bus S 60, Haltestelle Büren Lindenstraße (etwa 5 Minuten Fußweg)

Im schaurig-schönen Moor

14

Naturschutzgebiet Großes Torfmoor in Hille

„O schaurig ist's über's Moor zu gehen" schrieb Annette von Droste-Hülshoff, die große westfälische Dichterin und Schriftstellerin. Vielleicht hatte sie beim Schreiben ihrer Ballade das Große Torfmoor zwischen Hille und Lübbecke vor Augen. Beispielsweise die Stellen, an denen sich umgestürzte Baumstämme riesigen Insekten gleich mit abgespreizten Ästen über die glänzende Wasserfläche strecken. Mit etwas Fantasie erkennt man in diesen wechselhaften Naturbildern ganz individuelle Gestalten. Gepaart mit den Erzählungen über den oft fließenden und darum gefährlichen Übergang zwischen trockenem Boden und Menschen verschluckenden Feuchtgebieten, hat das Moor einen teils morbiden Charme. Nicht zuletzt deshalb übt es seit Jahrhunderten eine besondere Faszination auf alle aus, die sich hineinwagen.

TIPP

Die App Lauschtour herunterladen und unterwegs viele Infos zum Moor erhalten.

Heute können Wanderbegeisterte jedoch vollkommen sicher auf ausgeschilderten Rundwanderwegen von 2 bis 7,5 Kilometern Länge das Große Torfmoor erforschen. Sie stoßen dabei auf Kopfweiden, Birkenwälder und Pfeifengras an seinem Rand, aber zunehmend auch wieder auf Hochmoorvegetation. Echte Höhepunkte auf den Rundwegen sind die Aussichtsplattformen: Von ihnen hat man einen guten Blick über die Kernzone des Moores. Das ist nicht so selbstverständlich, wie es scheint. Denn hätten der Kreis Minden-Lübbecke und der NABU Kreisverband Minden-Lübbecke nicht bereits in den 1970er-Jahren begonnen, das Große Torfmoor zu schützen, wäre es heute vermutlich bereits ausgetrocknet. Doch zwischen 2003 und 2008 hat der NABU im Rahmen eines EU-Life-Projektes einen Großteil der Fläche von Büschen befreit und eine sogenannte Wiedervernässung durchgeführt. Seither erholt sich das Große Torfmoor. Mit etwas Glück sieht man dort übrigens auch einen Schäfer mit seiner Herde von bis zu 1000 Schafen: Die Tiere pflegen die umliegenden Grünflächen auf natürliche Art. Als Startort für die Spaziergänge ist das NABU-Besucherzentrum Moorhus geeignet. Von dort können Besucher auch an Moorexpeditionen teilnehmen.

- NABU Besucherzentrum Moorhus, Frotheimer Straße 57 a, 32312 Lübbecke
- ÖPNV: Ab Minden und Lübbecke Bus 512 oder 513, Haltestelle Eilhausen an der Wassermühle (2 Kilometer Fußweg)

Mit Stil gegen Fernweh

15

In der ParkBar in Gütersloh

Dunkle Töne geben der Bar im Parkhotel Gütersloh ihre besondere Note: die hohen Regale an den Wänden, voll mit Büchern, die schweren Sessel und Sofas, die niedrigen Tische. Verstärkt wird diese Atmosphäre durch den Schein von Kerzenlicht und einige wenige Deckenspots. Eine schummrige Bar, kein Zweifel, aber alles andere als verrucht. Unter der Woche trifft man hier überwiegend Hotelgäste, aber am Wochenende kommen die Gäste auch aus Lemgo oder Bielefeld, erzählt Barkeeper André Deggau. Dann ist sogar die Hotellobby voll besetzt. Deggau arbeitet seit über 20 Jahren im Parkhotel und ist einer von drei fest angestellten Barkeepern.

Dass die Hotelbar so beliebt ist, ist kein Wunder, denn hier können die heimischen Gäste für einige Stunden von der großen, fernen Welt träumen. Gut 200 Spirituosen hält das Barteam für sie bereit – mexikanischen Mezcal genauso wie schottischen oder US-amerikanischen Whiskey. Von den pur getrunkenen Spirituosen ist aber Rum die beliebteste.

TIPP

Wer am Wochenende in die ParkBar will, sollte spätestens mittwochs reservieren.

Fünf Seiten umfasst die Cocktailkarte, darauf viele Klassiker wie der Whiskey Sour. In der ParkBar wird er natürlich stilecht mit schaumig geschütteltem Eiweiß zubereitet. Dadurch wird er etwas milder, die Konsistenz des Drinks ist cremiger auf der Zunge. Deggau gibt selbstverständlich auch die beliebte Cocktailkirsche ins Glas. Wer in der Cocktailkarte partout nichts findet, kann André Deggau und seinen Kollegen auch seine Lieblingsspirituose nennen und sich von dem überraschen lassen, was dann ganz individuell serviert wird. Die Spezialität des Hauses ist übrigens der Smoky Gin Tonic. Dafür wird das Glas zunächst mit Thymianrauch ausgeräuchert – und dann mit Gin, Tonic, selbst gemachtem Zimtsirup und Zitronensaft aufgefüllt. Das Ergebnis ist ein ungewohnt rauchiger, aber nach mehr schmeckender Drink.

Im Sommer kommen die Bargäste auch in den Genuss der Ducktailbar am kleinen See neben dem Hotel. Sie ist allerdings so beliebt, dass es schwierig ist, dort einen Platz zu bekommen.

- Parkhotel Gütersloh, Kirchstraße 27, 33330 Gütersloh
www.parkhotel-gt.de
- ÖPNV: Vom Hauptbahnhof Gütersloh etwa 5 Minuten Fußweg

Mitten im Weinberg

16

Der Winzersche Garten in Bielefeld

Der recht steile Anstieg auf den Johannisberg in Bielefeld geht ordentlich in die Waden, doch wer ihn trotzdem zu Fuß auf sich nimmt und über die Hochstraße kommt, wird dafür schon bald mit etwas Besonderem belohnt. Denn hier, mitten in der Stadt und am Fuß des Johannisbergs, wachsen Weinreben. Durch sie schlängelt sich ein schmaler Weg, vorbei an einer Grotte und unter einem Steintor hindurch. Mit jedem Schritt, den man durch den sogenannten Winzerschen Garten weiter nach oben geht, wird es ruhiger. Meter für Meter lässt man den Lärm der Stadt hinter sich und hört dafür immer deutlicher das Zwitschern der Vögel. Und nicht nur das: Je höher man durch die Reben geht, desto besser ist der Blick auf Bielefelds Sparrenburg, das Wahrzeichen der Stadt. Ein guter Ort also für eine Ruhepause.

TIPP

Etwas Zeit einplanen und den Johannisberg erkunden.

So hübsch wie heute war der ehemalige Obst- und Gemüsegarten allerdings nicht immer, denn die Gartenanlage war im Laufe der Zeit einfach in Vergessenheit geraten. Erst 2009 wurde die Sichtachse zur Burg geschaffen, danach legte man die Wege und Treppen frei. Das geschah in einem gemeinsamen Projekt des Jobcenters mit dem Umweltamt und der Drogenberatung. 2013 pflanzte man die ersten Reben. Heute kümmern sich Ehrenamtliche von der Gesellschaft Winzer'scher Garten am Johannisberg um den Erhalt der Anlage. Die Gründer des Vereins haben ihre Ausbildungen in Weinregionen gemacht, so entstand die Idee für einen Weinberg mitten in der Stadt, obwohl das Klima im Teutoburger Wald für den Weinanbau eigentlich nicht geeignet ist.

Auf dem Johannisberg selbst steht ein Hotel, dessen Biergarten im Sommer zu einer Rast einlädt. Außerdem ist hier oben ein Kletterpark, ein Fitnessparcours und, etwas versteckt im Wald, ein kleines Bauernhausmuseum, das das ländliche Leben um 1850 zeigt. Im historischen Garten gedeihen außerdem viele alte Bäume, manche sind wahre Raritäten wie beispielsweise der Geschlitztblättrige Spitzahorn in der Nähe des Hotels. Auf ihn weist eine Infotafel hin.

- Winzerscher Garten, 33615 Bielefeld
  www.gwg-johannisberg.de
- ÖPNV: Bus 48, Haltestelle Kunsthalle (etwa 10 Minuten Fußweg)

Unter deinen Flügeln

17 An der Liesbergmühle in Enger

Aus groben Steinen erbaut steht sie seit 1756 in Enger bei Herford: die Liesbergmühle. Der Preußenkönig Friedrich der Große ließ sie als königliche Zwangsmühle errichten. Sein Zeichen, FR für Fridericus Rex, ist über dem Torbogen eingemeißelt. Der Mühlenzwang stellte einerseits sicher, dass alle Bauern eines Grundherrn ihr Getreide in seiner Mühle mahlen ließen. Ein Wettbewerb unter den Müllern wurde damit vereitelt. Die Bauern mussten im Zweifel einen überhöhten Mahl-Lohn zahlen – der aber wiederum zu großen Teilen in die Taschen des Grundherrn floss. Andererseits war damit die Versorgung der umliegenden Orte mit Mehl gesichert, schließlich produzierte die Mühle an einem guten Tag 700 bis 800 Kilogramm davon.
Heute steht die mehrfach renovierte Mühle mit den kleinen Fachwerkhäuschen daneben unter Denkmalschutz und ist Eigentum und Wahrzeichen der Stadt. Von 1820 bis 1990 war sie in Familienbesitz, der Betrieb wurde 1960 eingestellt. Dafür beherbergt sie inzwischen ein Trauzimmer für Heiratswillige. Hinter einer Hecke und mit direktem Blick auf die Felder stehen zudem Tische und Bänke, die Gelegenheit für ein Picknick bieten. Noch schöner ist allerdings der Platz auf den roten Steinstufen unterhalb der Mühle, direkt neben dem ehemaligen Kotten des Mühlenknechts. Von den Stufen hat man einen schönen Blick über die Landschaft. Wer sich bei gutem Wetter ein Sitzkissen, eine Thermoskanne mit Tee und ein gutes Buch mitbringt, kann unter den hölzernen Flügeln auftanken.
Um die Liesbergmühle, die in der Fachsprache als Erdholländer bezeichnet wird, kümmern sich heute die Naturfreunde. An den Mühlentagen ist ein Besuch der Mühle und der Nebengebäude möglich, die hölzernen Zahnräder und die Mahlwerke sind noch erhalten. Der malerische Platz hat übrigens eine schaurige Vergangenheit: Bis 1532 stand hier der Galgen. Am Zugang zur Mühle steht ein Schild mit einem QR-Code. Wer ihn scannt, kann viel Spannendes über die Geschichte der Mühle erfahren.

- Liesbergmühle Enger, Windmühlenweg 24, 32130 Enger
www.enger.de/Tourismus/Sehenswertes/Liesbergmühle
- ÖPNV: Ab Kleinbahnhof Enger Bus 54, Haltestelle Ostpreußenweg

Frieden finden

18 Im Wald von Gut Eckendorf in Leopoldshöhe

Es ist der ganz normale Lebenszyklus: Werden und Vergehen, Geburt und Tod gehören zusammen. Wälder, in denen ein Begräbnis ohne Grabstein, dafür aber unter einem Baum möglich ist, spiegeln diesen natürlichen Ablauf in besonderer Weise: Dort entsteht aus dem, was war, unter der Erde neues Leben. Der Kreislauf der Natur geht seinen unaufhörlichen Weg, und der Mensch wird hier ein Teil davon. Einen solchen Wald gibt es im lippischen Leopoldshöhe. Der Eckendorfer Wald wird seit Generationen von der Familie von Dallwitz bewirtschaftet. Seit 2018 steht aber nicht mehr die Forstwirtschaft im Vordergrund, sondern das Waldbegräbnis. Jetzt dürfen die Buchen, Eichen, Eschen oder Birken dort so alt werden, wie es die Natur für sie vorgesehen hat. Entsprechend hohe und alte Bäume prägen den Wald. Aber auch Kunstwerke, wie nur die Natur sie schaffen kann: Pilze, die wie eine Krone aus einem Baumstumpf herauswachsen, Farn, der sich gemeinsam mit Moos einen umgekippten Baumstamm erobert hat. Gleichzeitig scheint der Wald beseelt von den naturverbundenen Menschen, die im weichen Waldboden ihre letzte Ruhestätte gefunden haben. An sie erinnern wenige Schilder wie „Mensch mit Tier“, die auf einen Teil des Begräbniswaldes hinweisen, in dem Tierliebhaber gemeinsam mit der Asche ihres Haustiers bestattet werden können.

TIPP

Es gibt kostenlose Führungen durch den Wald. Eine Anmeldung ist erforderlich.

Eine besondere Atmosphäre umgibt den Andachtsplatz mitten im Wald mit dem großen schlichten Holzkreuz und den Bänken davor. Findet dort keine Trauerfeier statt, ist er ein perfekter Ort, um innezuhalten und auf das Rauschen der Blätter zu hören, den Geruch des Waldes wahrzunehmen und sich an den Farben der jeweiligen Jahreszeit sattzusehen. Wer sich im Wald lieber bewegen möchte, hat auch dazu ausreichend Gelegenheit. Denn er ist 14 Hektar groß, eine Fläche von beinahe 20 Fußballfeldern. Entsprechend weitläufig sind die Wege, die man entlangschlendern kann – um hinter jeder Kurve einen neuen Eindruck vom Kreislauf der Natur zu gewinnen.

- Waldbegräbnis Gut Eckendorf, Bielefelder Straße, 33818 Leopoldshöhe www.waldbegraebnis-eckendorf.de
- ÖPNV: Bus 350, Haltestelle Leopoldshöhe-Eckendorf

Unter Exoten flanieren

19

Im Buddenberg-Arboretum in Bad Driburg

Japanischer Kuchenbaum, Kobushi-Magnolie oder Taschentuchbaum: Im Buddenberg-Arboretum in Bad Driburg wachsen einige Bäume und Sträucher mit Namen, die botanische Laien vermutlich noch nie gehört oder gesehen haben. Wer seinen Augen also einen Urlaub in fernen Ländern gönnen möchte, ohne weit reisen zu müssen, ist hier richtig. Allerdings: Der Aufstieg zum Arboretum ist steil. Je nachdem, aus welcher Richtung man kommt, führt er auch über viele Steinstufen nach oben. Vorbei an umgekippten Baumstämmen, die den Orkanen Friederike und Kyrill zum Opfer fielen. Oben angekommen, geht ein etwa ein Kilometer langer Rundweg vorbei an einem Schlangenhautahorn aus dem Himalaya, der europäischen Stechpalme oder dem Pfaffenhütchen. Möchte man seinen Spaziergang und das Naturerlebnis weiter ausdehnen, kann man die Rundwegverlängerung einbauen, die hinter dem Urweltmammutbaum einen Bogen bis zur Zierobstwiese schlägt. Insgesamt sind es über 200 Sträucher und Bäume aus drei Kontinenten, die dort in den 1960er-Jahren vom ehemaligen Kur- und Verkehrsverein angepflanzt wurden. Benannt ist der Park nach dem damaligen Vorsitzenden des Vereins, Adolf Buddenberg, und der Begriff Arboretum leitet sich vom lateinischen Wort für Baum ab: Arbor.

TIPP

Nicht weit vom Bahnhof ist in der Lange Straße ein Factory Outlet des Glasherstellers Leonardo.

Durch das Arboretum hindurch führen außerdem die Wanderwege Sachsenring, VitalWanderWelt und der Kaleidoskopweg. Letzterer verbindet auf etwa 6 Kilometern acht unterschiedlich große Kaleidoskope. Schaut man durch sie hindurch, entdeckt man die Welt um sich herum in unzähligen bunten Mosaiken. Die Kaleidoskope sind ob ihrer Größe und der hellblauen Farbe nicht zu übersehen, auch im Arboretum stehen zwei. Dort gibt es außerdem an vielen Stellen Bänke und Liegen, auf denen man ganz in der Beobachtung der umliegenden Bäume und Natur versinken kann. Die Schutzhütten im Park sind auch bestens geeignet, um dort bei gutem Wetter zu picknicken.

- Buddenberg-Arboretum, Parkplatz an der Hufelandstraße, 33014 Bad Driburg
https://bad-driburg.teutoburgerwald.de
- ÖPNV: Vom Bahnhof Bad Driburg etwa 20 Minuten Fußweg

Zur Ruhe kommen

20 Kapelle zur Hilligen Seele in Borchen

Zwischen Schloss Hamborn und Dörenhagen im Paderborner Land ist nicht viel mehr als weite Felder und etwas Wald. Etwas überraschend steht dort am Kapellenweg, versteckt unter alten Linden, noch ein besonderes Kleinod: die Kapelle zur Hilligen Seele. Warum sie genau hier gebaut wurde, weiß niemand. Der Legende nach soll eine Seele mit Glorienschein hier vom Himmel herabgestiegen sein. Ihr nüchterner, ursprünglich romanischer Baustil lässt darauf schließen, dass sie zwischen dem 11. und 12. Jahrhundert erbaut wurde. Zwar haben einmal die Schweden, einmal Unbekannte sie zerstört, das früher in ihrem Inneren verehrte Originalkreuz wurde erst beschädigt, dann auch noch gestohlen – doch der malerische Ort hat nichts von seiner Magie verloren. Auf einer der Bänke rund um die Kapelle kann man sich an der Blattfärbung der jeweiligen Jahreszeit erfreuen. Und egal ob zartes Grün im Frühjahr, pralle Sommerfarben, die warmen Gelb- und Rottöne des Herbstes oder mystischer Winternebel: An der Kapelle herrscht immer eine friedliche Ruhe, die sich auch auf die Besucher überträgt. Vielleicht ist sie darum seit dem Mittelalter ein beliebter Wallfahrtsort.

TIPP

Neben der Kapelle gibt's im Verkaufswagen des Hofladens Werny an Automaten frische Eier zu kaufen.

Die Kapelle ist nicht immer geöffnet. Aber durch ein kleines Fenster in der Tür können Besucher einen Blick in ihr Inneres werfen. Betrachtenswert ist außerdem ein Baumstamm Richtung Straße, der gespalten und innen hohl ist. Wer gerne weiter die Umgebung erkunden möchte: Ein Anna- und ein Marienbild sind mit einem kurzen Spaziergang zu erreichen. Das Marienbild ist eine Statue an einem ähnlich idyllischen Platz, das Annabild ein Bildstock, der der heiligen Anna, der Großmutter Jesu, gewidmet ist. Auch entlang des schmalen und von Kastanien gesäumten Kapellenwegs gibt es Bildstöcke, die angeblich auf Kraftfeldern stehen sollen und den Kreuzweg Jesu zeigen. An der Kapelle führt auch der Alte Pilgerweg entlang. Er ist gut 20 Kilometer lang und führt durch Buchenwälder und vorbei an spirituellen Orten. Der Wanderweg kann abgekürzt werden.

- Kapelle zur Hilligen Seele, Kapellenweg, 33178 Borchen
  www.paderborner-land.de
- ÖPNV: Ab Paderborn Bus 71, Haltestelle Borchen-Dörenhagen, Eiferslohn (etwa 10 Minuten Fußweg)

Kaiserlicher Blick

21

Kaiser-Wilhelm-Denkmal in Porta Westfalica

Von Weitem schon kann man es sehen, das eindrucksvolle Kaiser-Wilhelm-Denkmal in Porta Westfalica. Es steht seit 1896 auf dem 268 Meter hohen Wittekindsberg und streckt sich dort weitere 88 Meter in die Höhe. Besucher, die auf der Terrasse ankommen, müssen sich entscheiden, wohin sie zuerst schauen: Auf den stolzen Willem, der seinen Arm zu einem landesväterlichen Gruß erhoben hat – oder in die Landschaft. Denn der Panoramablick von der Terrasse über das tiefliegende Tal der Weser ist eine Wohltat für Augen, die im Alltag viel zu oft an Begrenzungen stoßen. Entworfen haben das Denkmal für Kaiser Wilhelm I., der von 1871 bis 1888 an der Spitze des Deutschen Reiches stand, gleich zwei Künstler: Bruno Schmitz war der Architekt, von ihm kam der Gesamtentwurf. Ein weiteres berühmtes Werk von ihm steht in Leipzig: das Völkerschlachtdenkmal. Der Bildhauer Caspar Ritter von Zumbusch hat die Kaiserskulptur entworfen. Von ihm sind in Wien auch die Denkmäler für Ludwig van Beethoven und Maria Theresia. Von Zumbusch ist übrigens in Herzebrock geboren, ein Ort, der heute zum Kreis Gütersloh gehört. Die Baukosten für das Kaiser-Wilhelm-Denkmal betrugen 833.000 Goldmark.

TIPP

Im Restaurant Wilhelm 1896 Kaffee und Kuchen mit Fernblick genießen.

Zwar ist es nicht ganz einfach, sich von dem weiten Blick über das Land loszureißen, doch wer sich sattgesehen hat und auch die steilen Stufen auf die Hochterrasse und weiter zum Denkmal hinaufgestiegen ist, der sollte sich noch Zeit nehmen, um unter die Erde zu gehen. Dort gibt es nämlich eine Ausstellung zum Denkmal und zum Wittekindsberg. Letzterer spielte sowohl bei den Römern als auch bei den Preußen und den Nationalsozialisten eine wichtige Rolle. In der Ausstellung gibt es zeitgeschichtliche Dokumente wie beispielsweise Zeitungen, Telegramme und Speisekarten zu sehen sowie viele historische Fotos. An interaktiven Multimedia-Stationen können Interessierte ihr Wissen zur Geschichte und Natur der Region vertiefen. Rund um das Denkmal gibt es auch mehrere gut ausgeschilderte Wanderwege.

- LWL-Besucherzentrum Kaiser-Wilhelm-Denkmal, Kaiserstraße, 32457 Porta Westfalica, www.kaiser-wilhelm-denkmal.lwl.org
- ÖPNV: Am Wochenende ab Porta Westfalica Shuttle-Bus

Versteckte Gassen entdecken

22 Am Alten Kirchplatz in Gütersloh

Kaum ein Ort in Gütersloh verzaubert seine Besucher mehr als der Alte Kirchplatz rund um die Apostelkirche. Er ist das Herzstück der Stadt. Denn hier standen im 14. und 15. Jahrhundert die ersten Speicher der Bauern, aus denen später Wohnhäuser wurden. Die Fachwerkhäuser sind heute noch bewohnt. Besonders erwähnenswert ist das Haus Nummer 14, denn dort wurde 1833 Adolph Bermpohl geboren, Mitbegründer der Deutschen Gesellschaft zur Rettung Schiffbrüchiger.
Wer mehr als nur das Halbrund der Häuser um die Kirche sehen will, nimmt den schmalen Gang zwischen den Hausnummern 12 und 13. Geht man zwischen den Hauswänden entlang, wird man mit einem besonderen Blick auf die Martin-Luther-Kirche belohnt: Hier rahmen die Dächer der Fachwerkhäuser den Kirchturm ein.

TIPP

Wenn nach Einbruch der Dunkelheit Licht in den Häusern brennt, sieht der Alte Kirchplatz noch heimeliger aus.

Nicht ganz so schmal, aber ebenfalls leicht zu übersehen ist der Weg, der etwas weiter über einen kleinen Platz in die Berliner Straße führt, also in die Haupteinkaufsstraße.
Die Apostelkirche ist heute übrigens evangelisch, doch das war nicht immer so: Von 1655 bis 1887 wurde sie unter dem Namen Sankt Pankratius als Simultankirche genutzt. „Simultankirche" bedeutet, dass Katholiken und Protestanten das Gotteshaus gemeinsam nutzten. Der Grund dafür war ganz profan: In Gütersloh gab es zu dieser Zeit nur diese eine Kirche. Leider wurde die ursprüngliche Kirche 1944 bei einem Bombenangriff zerstört. 1952 haben die Gütersloher ihre Kirche wieder aufgebaut.
An der Ecke Kirchstraße/Berliner Straße sitzt der Kunstverein Gütersloh. Dort kann man sich von Donnerstag bis Sonntag in den Nachmittagsstunden die aktuellen Ausstellungen ansehen. Bemerkenswert ist die Stahlskulptur von Werner Pokorny, die seit 2015 an der Kirchstraße steht: Sie heißt Turm und zeigt ein Haus, das auf einem Würfel steht, der wiederum auf zwei liegenden Häusern ruht. Wenn man weiß, dass in der Kirchstraße in der Reichspogromnacht 1938 die Häuser der jüdischen Mitbewohner angezündet wurden, bekommt das Kunstwerk beim Betrachten eine tiefere Bedeutung.

● Am Alten Kirchplatz, 33330 Gütersloh
● ÖPNV: Vom Hauptbahnhof Gütersloh einige Minuten Fußweg

Den Geist herausfordern

23

Moderne Kunst in der Kunsthalle Bielefeld

Moderne und zeitgenössische Kunst ist oft unbequem. Weil die Betrachtenden häufig nicht wissen, was sie damit anfangen sollen. Weil neu ist, was man da anschaut. Weil man herausgefordert wird, sich Gedanken darüber zu machen, was der Künstler mit seinem Werk eigentlich vermitteln möchte. Und genau darum ist es gut, dass es die Kunsthalle in Bielefeld gibt: Hier wird Besuchern nämlich regelmäßig Gelegenheit gegeben, sich mit moderner und zeitgenössischer Kunst auseinanderzusetzen. Das führt dazu, dass sich der Geist öffnet, dass man nicht stehenbleibt, sondern sich durch die Kunst weiterentwickeln kann. Eine Bereicherung für das Leben.

Die Kunsthalle in Bielefeld macht es ihren Besuchern schon durch ihre Architektur leicht, sich auf Neues einzulassen, denn hier ist alles offen. Über eine breite Treppe aus rotem Mainsandstein gelangen die Kunstfreunde in den ersten Ausstellungsraum. Dort laden Bänke ein, in Ruhe zu verweilen und zu betrachten. Um diesen großen Raum herum sind weitere Ausstellungsräume angeordnet. So entdeckt man nach jeder Ecke und hinter jedem Durchgang etwas Neues. Gleichzeitig führt die offene Architektur dazu, dass es Sichtachsen im Gebäude gibt, die häufig neue Perspektiven auf schon Gesehenes ermöglichen. Es ist darum sinnvoll, immer wieder einmal über die Schulter zurückzuschauen. Spannend sind auch die Vorsprünge aus rotem Sandstein, die Nischen rund um die dort gezeigten Kunstwerke bilden und sie so in den Fokus setzen. Für das Publikum wird dadurch ein Spannungsmoment geschaffen, denn welcher Schatz sich in einer solchen Nische verbirgt, sieht man erst, wenn man frontal davorsteht.

TIPP

Noch Zeit für den Skulpturenpark vor der Kunsthalle einplanen.

Weil der Kunsthalle Bielefeld Kunstvermittlung am Herzen liegt, regt eine Malstube dazu an, selbst kreativ zu werden. 1968, als das Museum eröffnete, war das einmalig in der noch recht jungen Bundesrepublik Deutschland. Zusätzlich zu Führungen und Kursen gibt es einen Vortragssaal im Untergeschoss, in dem zu jeder Ausstellung ein Einführungsfilm läuft.

- Kunsthalle Bielefeld, Artur-Ladebeck-Straße 5, 33602 Bielefeld
  www.kunsthalle-bielefeld.de
- ÖPNV: Stadtbahn 1, Haltestelle Adenauerplatz (wenige Minuten Fußweg)

Alles total schräg hier

24 Im Museum Marta in Herford

Wer das Museum Marta in Herford besucht, sollte zuerst im Parkhaus gegenüber auf die oberste Ebene gehen. Denn von dort hat man den besten Blick auf die vielen schiefen Ebenen des Dachs, die sich, Riesenrutschbahnen gleich, verbinden. Der Architekt hinter dem Museum für zeitgenössische Kunst ist kein Geringerer als der US-Amerikaner Frank Gehry. Er hat unter anderem auch das Guggenheim-Museum im spanischen Bilbao und das Vitra-Design-Museum in Weil am Rhein entworfen.

Nachdem man sich diesen Überblick verschafft hat, scheint der Eingangsbereich des Marta konventionell. Doch der Kern des Gebäudes ist die ehemalige Textilfabrik der Firma Ahlers. Dieses Zusammenspiel steht auch für das, was den Besuchern im Marta präsentiert wird: viel Design, Architektur und Kreativität – immer mit dem Fokus auf Wirtschaft und Gesellschaft. Dieser Quell der Inspiration spiegelt sich auch in der Namenszusammensetzung wider: Das „M“ steht für Museum, „Art“ bedeutet Kunst, das angehängte „a“ bezieht sich auf Architektur und Ambiente – also das umgebende Milieu. Im Museum selbst trägt insbesondere der Ausstellungsbereich im Erdgeschoss dem letzten „a“ Rechnung. Die Räume recken sich in schwindelnde Höhe, die Wände haben sanfte Biegungen, das Licht fällt durch Fenster an der Decke. Oft weiß man nicht, was ungewöhnlicher ist: die Bauweise oder die Stücke der Sammlung und der wechselnden Ausstellungen. Dass diese Buchstabenfolge einen Frauennamen ergibt, ist in Herford durchaus passend, schließlich gilt der Ort als „Stadt der starken Frauen“.

Wer den Besuch des Marta ausklingen lassen möchte, geht nach dem Verlassen links um das Gebäude. So erreicht man die gemütlich dahinfließende Aa, an der sich gut durchatmen lässt. Folgt man dem Weg weiter Richtung Parkplatz, stößt man zum Abschied auf ein weiteres Kunstwerk: Dort steht nämlich ein Hubschrauber mit verspiegelten Scheiben. Die Skulptur heißt „Hoher Besuch“ und ist von Michael Sailstorfer. Bei Vernissagen im Museum drehen sich seine Rotoren.

- Marta Herford, Museum für Kunst, Architektur, Design, Goebenstraße 2–10, 32052 Herford, www.marta-herford.de
- ÖPNV: Vom Bahnhof Herford etwa 5 Minuten Fußweg

Vergangenheit erleben

25 LWL-Industriemuseum Ziegelei Lage

Es sieht so aus, als ob die Arbeiter jeden Moment zurückkommen könnten: Ein Hammer liegt griffbereit auf der hölzernen Werkbank, eine Drahtrolle hängt am Regal, das mit Ersatzteilen aus Metall gefüllt ist, die Schränke stehen offen. Der Geruch von Dieselöl hängt noch immer in der ehemaligen Werkstatt der Ziegelei Lage. Es ist eine konservierte Zeit, die man hier erlebt. In der Werkstatt der Ziegelei wurden Reparatur- und Wartungsarbeiten durchgeführt – und zwar stets unter hohem Zeitdruck, damit die Kollegen weiterproduzieren konnten. Auch den Kollergang, den Kippboden, das Leseband und den Maschinenraum können Museumsgäste auf eigene Faust erkunden. Treppe auf und Treppe ab, von einem schummrigen Raum in den nächsten, auf den Spuren der harten Arbeit im vergangenen Jahrhundert. Ein absolutes Muss ist der Gang durch den Ofen, in dem die Ziegel gebrannt wurden. Hier sieht man noch die Rußspuren an den Wänden. Außerdem stehen Karren mit Ziegeln bereit, die aussehen, als ob sie jeden Moment zum Brennen in den Ofen geschoben werden könnten.

TIPP
Genügend Zeit einplanen! Es gibt viel zu entdecken!

Im Industriemuseum erfährt man noch mehr über diese Zeit. Beispielsweise, dass die Region trotz der Ziegeleien nicht genügend Arbeitsplätze bot. Darum waren viele Männer als Wanderziegler in anderen Städten und Ländern unterwegs. Zurück blieben die lippischen Frauen, die schon damals Hof und Haus über Monate allein versorgten: Gemüse anbauen, Hühner und Ziegen füttern – oft umgeben von einer Schar Kinder und möglicherweise ein weiteres Mal schwanger. Zusätzlich halfen sie oft bei den Bauern auf dem Feld, um die Miete bezahlen zu können. Diese seltenen Einblicke in das Leben lippischer Familien Anfang des vergangenen Jahrhunderts zeigen eine ungewohnte Perspektive auf regionale Geschichte. Die Ausstellung „In der Heimat“ ist in einem separaten Gebäude, dem Kotten, untergebracht. Das Gegenstück dazu ist die Ausstellung „In der Fremde“, die zeigt, wie die Wanderziegler lebten, während sie unterwegs waren, um Geld zu verdienen.

- LWL-Industriemuseum Ziegelei Lage, Sprikernheide 77, 32791 Lage
www.ziegelei-lage.lwl.org
- ÖPNV: Ab Bahnhof Lage mit Bus 749 bis zur Ziegelei

»Hat Großmutter bedacht
oder gewußt, ein welch
arbeitsreiches Leben
als Frau eines Wander-
zieglers, welcher von
Frühjahr bis Herbst auf
Campagne war, da auf
sie zukam?«
Friederike Tepperwien: Erinnerungen an ihre Großmutter,
die Zieglerfrau Friederike Brand, 1994
Kochen

Auf dem Holzweg

26 An der Abtei Marienmünster

Eichenwald bedeutet für viele Heimat. Dass der Wald aber nicht nur ein Ort der Besinnung, sondern auch wirtschaftlich relevant ist und schon immer war, erfahren Spaziergänger an der Abtei Marienmünster bei Vörden. Vom Parkplatz am Besucherzentrum Forum Abtei führt ein schmaler Weg hinter dem Gebäude nach rechts, der Themenweg Holz, der keine eigene Ausschilderung hat. Aber wer den Schildchen „Weg der Stille" folgt, ist richtig. Dieser ist allerdings insgesamt 40 Kilometer lang, die Abtei liegt an seiner Strecke zwischen der ehemaligen Künstlerkolonie Schwalenberg und dem Kloster Corvey, umgeben von Wald. Besonders Buchen und Eichen findet man hier. Sie bilden eine schöne Kulisse für den Themenweg Holz, erzählen aber auch Kulturgeschichte: So wurden aus vielen Buchen beispielsweise Möbel. Noch vielfältigeren Nutzen im Alltag hatten die Eichen: Ihre Früchte, die Eicheln, waren Futter für die Schweine, aus der Rinde wurde Kork, aus den Galläpfeln an den Blattunterseiten Tinte hergestellt. Galläpfel werden von den Eichen als Reaktion auf die unter den Blättern abgelegten Eier der Gallwespe produziert. All das und noch viel mehr erfahren Besucher per App an elf Stationen auf einer etwa einen Kilometer langen Runde um und durch die Abtei. Besonders schön ist der Ketser Dyk, der Fischteich des Klosters, den man auf diesem Weg umrundet. Dort spiegeln sich die Türme der Abteikirche im Teich, ein echtes Postkartenmotiv. Auf einer Bank am Ufer sitzend kann man auch die Wasservögel rundum beobachten. Ein Moment mit hohem Achtsamkeitsfaktor.

Das Klostergelände an sich ist mit seinen renovierten Gebäuden ebenfalls sehenswert. Die Abteikirche ist üblicherweise von Dienstag bis Sonntag geöffnet. Besondere Aufmerksamkeit sollten Besucher auch dem Abteigarten widmen, der von Ehrenamtlichen nach alten benediktinischen Regeln der Gartenkunst angelegt wurde. Die Abtei kann auch für Konferenzen, kulturelle Veranstaltungen und private Zwecke genutzt werden.

TIPP

Ein Orgelkonzert hören. Musiker aus der ganzen Welt reisen an, um auf der Barock-Orgel von 1738 zu spielen.

- Kulturstiftung Marienmünster, Abtei 3, 37696 Marienmünster
  www.kulturstiftung-marienmuenster.de
- ÖPNV: Ab Bahnhof Steinheim Bus R 90/R 91, Haltestelle Marienmünster, Abtei

Wertvolle Eichen –
Korken, Tinte...

Ganz entspannt durchatmen

27 In der Gartenschau Bad Lippspringe

Richtig, die Landesgartenschau in Bad Lippspringe ist schon einige Jahre her: 2017 fand „Blumenpracht & Waldidylle", so das Motto, in der Kurstadt statt. Aber: Das Gelände der einstigen Landesgartenschau wird noch immer gehegt und gepflegt und ist so das ganze Jahr über eine Attraktion mit vielen Sehenswürdigkeiten. Speziell der Eingangsbereich bekommt dreimal im Jahr eine neue, der Jahreszeit angepasste Bepflanzung. Für alle, die einmal richtig abschalten wollen, ist die historische Liegehalle etwas Besonderes: Dort laden Holzliegen zum Ausruhen ein. Und wer sich eine warme Decke und Tee in der Thermoskanne mitbringt, kann hier selbst an Schlechtwettertagen die gute Luft des benachbarten Heilwaldes genießen. Bad Lippspringe galt schon im 19. Jahrhundert als Heilbad für Atemwegserkrankungen, auch Tuberkuloseinfizierte wurden hier behandelt. Die Liegehallen ermöglichten damals den Kranken, bei jedem Wetter draußen die gesunde Luft zu atmen. Aus dieser Zeit ist die historische Liegehalle auf dem heutigen Gartenschaugelände erhalten.

Wer dort ausreichend geruht hat, kann eine ausgedehnte Runde durch die Gartenschau drehen. Die Mersmannteiche, die nicht weit von der Liegehalle entfernt sind, laden ebenfalls zum Verweilen ein. Rund um das Ufer gibt es dazu viele Bänke. Am rechten Ufer der Teiche bietet außerdem das riesige begehbare Fernrohr einen geschützten Platz bei jedem Wetter und gleichzeitig einen meditativen Beobachtungsposten über das Wasser und die umliegenden Bäume und Büsche. Von dort lohnt sich der Weg durch das Dünental Richtung Glaubensgarten: Ob Buddhisten, Bahai, Christen, Juden oder Moslems – hier werden wichtige Religionen vorgestellt. Texte mit Hintergrundwissen ergänzen die zur jeweiligen Religion gestalteten Gartennischen. Vom Glaubensgarten sind es nur noch wenige Minuten zurück zum Ausgang. Wer möchte, kann noch einen Stopp im Duftgarten und beim Klang des Waldes einbauen.

TIPP

Nicht von schlechtem Wetter abhalten lassen. Es gibt immer etwas zu entdecken.

- Gartenschau Bad Lippspringe, Lindenstraße 1 a, 33175 Bad Lippspringe
  www.gartenschau-badlippspringe.de
- ÖPNV: Ab Paderborn Hauptbahnhof Bus R 50, R 51, Haltestelle Stadtmitte

Griechisch und Barock

28

Der Kurpark in Bad Oeynhausen

Eine breite Treppe, weiße Säulen – kein Zweifel: Da steht ein ionischer Tempel mitten in Bad Oeynhausen im Kurpark. So, als ob ihn die Griechen dort einst erbaut hätten. Allerdings stammt das Gebäude nicht aus der Antike, genauso wenig wie das Badehaus 2 aus der Renaissance stammt, obwohl es deren Elemente trägt. Und auch das barock anmutende Kurhaus wurde nicht in dieser Zeit gebaut. Zu erklären ist dieser architektonische Stilmix damit, dass der Kurpark mehr sein wollte als nur ein Ort, der der Gesundheit dient. Ein exotischer Platz sollte es sein, der die Besucher gleichermaßen erstaunt und verzaubert. Darum stolzierten hier einst auch Pfauen unter Mammutbäumen. Und darum haben die Gäste noch heute die Wahl, ob sie lieber durch einen englischen Landschaftspark oder einen nach französischem Vorbild kunstvoll strukturierten Garten mit Blumenbeeten spazieren wollen. „Architekturmuseum des 19. Jahrhunderts" wird der Kurpark gerne genannt – und das nicht zu Unrecht.

Der Kurpark birgt übrigens auch einige kleine Geheimnisse. Sie findet aber nur, wer ein besonders scharfes Auge hat oder sich einer der Führungen anschließt. Dann sieht man beispielsweise im Relief am Eingang des in den 1870er-Jahren erbauten Badehauses 2 eine Putte mit Rollstuhl und Krücke. Darstellungen von verletzten Putten, diesen rundlichen Engelchen, sieht man sonst sehr selten. Auch Rollstühle waren zumindest um diese Zeit eher noch unüblich. Aber in Bad Oeynhausen gründete Heinrich Wilhelm Voltmann 1871 die Erste Oeynhauser Krankenfahrzeug-Fabrik. Mit seinen Rollstühlen holte man Kurgäste damals vom Bahnhof ab, was auch die Abbildung im Relief erklärt. Damals war die Stadt übrigens das größte Bad der preußischen Monarchie. Zu verdanken hat Bad Oeynhausen das einem Zufall: Auf der Suche nach Salz hatte man nämlich kohlesäurehaltige Sole gefunden – und bemerkt, dass sie der Haut guttat. Davon profitieren die Stadt und ihre Gäste noch heute.

TIPP

Eine Vorstellung im GOP Varieté-Theater im Kurhaus zum Abschluss besuchen.

- Im Kurpark, 32545 Bad Oeynhausen
  www.staatsbad-oeynhausen.de/kultur-geschichte/kurpark
- ÖPNV: Vom Bahnhof Bad Oeynhausen etwa 10 Minuten Fußweg

Schlemmen für die Seele

29

Im Café Fritzenkötter mitten in Gütersloh

Die Linzer Torte ist gut – aber die Herrentorte im Café Fritzenkötter, gegenüber dem Rathaus in Gütersloh, ist noch besser. Sie vereint den Geschmack von Zitrone, Marzipan und dunkler Schokolade. Die Böden werden einzeln gebacken, weil sie so besser schmecken, sagt Alexander Fritzenkötter. Die Kombination aus allem ist eine weich-cremige Mischung, nicht zu süß, und mit einem kurzen Knackmoment beim Kauen. Eine echte Verwöhnpause also.

Fritzenkötter ist 2020 nach seinem Studium als Azubi in den Familienbetrieb eingestiegen, um das Konditorenhandwerk von der Pike auf zu lernen. Er ist die fünfte Generation und Ururenkel des Gründers Friedrich Fritzenkötter. Dieser hatte die Bäckerei und heutige Konditorei 1887 gegründet. Ziel seines Nachfahren: das Unternehmen fortführen und die Qualität beibehalten. Zusammen mit seinem Vater Christoph und den anderen Konditoren und Bäckern stellt Alexander Fritzenkötter täglich Frucht- und Käsekuchen, Nusskombinationen sowie Sahne- und Marzipantorten her – alles in allem etwa 20 unterschiedliche Sorten. Allerdings gibt es bei den Kuchen und Torten saisonale Unterschiede: Maracujatorte läuft besser im Sommer, Bratapfelgeschmack ist eher im Winter gefragt. Hinzu kommen natürlich noch Brot und Brötchen.

TIPP

Wenn die Zeit nicht für einen Kaffee mit Kuchen ausreicht: Leckereien zum Mitnehmen kaufen.

Die Fritzenkötters legen großen Wert auf Regionalität: Mehl und Früchte beziehen sie überwiegend von Kooperationspartnern aus Nordrhein-Westfalen. Auch Nachhaltigkeit spielt eine zunehmende Rolle: So sind die Backöfen etwa sieben Stunden am Tag eingeschaltet. Was danach in den Ofen kommt, wird mit Restwärme gebacken. Das dauert länger, spart aber Energie – und ist somit gut für die Umwelt. Das nächste große Thema, das Alexander Fritzenkötter anpacken will, ist die Digitalisierung. Schließlich macht diese auch vor dem Bäckerhandwerk nicht halt. Doch bei allem, was neu ist, wird eines gleich bleiben: In der Bäckerei Fritzenkötter arbeitet man handwerklich. Das heißt, die Bäcker produzieren ihre Backwaren noch selbst. Und das schmeckt man.

- Konditorei & Café Fritzenkötter, Strengerstraße 2, 33330 Gütersloh
  www.konditorei-fritzenkoetter.de
- ÖPNV: Vom Hauptbahnhof Gütersloh etwa 5 Minuten Fußweg

Fast wie ganz früher

30 Museumshof Senne in Bielefeld

Auf der Buschkampstraße fährt man durch ein Waldgebiet – und plötzlich geht rechts eine Einfahrt ab. Biegt man ab, fühlt man sich fast aus der Zeit gefallen, denn hier, nur wenige Meter entfernt von der viel befahrenen Straße, steht man auf dem Museumshof Senne. Er ist eigentlich ein kleines Freilichtmuseum, das Häuser aus mehreren Jahrhunderten zeigt. Das älteste ist von 1607, das jüngste von 1820. Ursprünglich standen diese Häuser alle an anderen Orten. Doch als die Autobahn Ende der 50er-Jahre gebaut wurde, sollten sie abgerissen werden. Zum Glück ist das nicht passiert: Sie wurden stattdessen fachmännisch abgebaut, restauriert und wieder aufgebaut – so wie sie einmal waren. Das Ergebnis ist ein idyllisches Fleckchen Zeitgeschichte, in dem man sich in vielen liebevoll erhaltenen Details verlieren kann: die blaue Holztür des Handwerkerhauses, neben der die Milchkanne aus Metall und einige Töpfe stehen, der Rosenbogen, der sich über dem Gartentörchen spannt, die hölzerne Schubkarre hinten im Garten und die Bienenkörbe. Dort wachsen auch Mispeln, die man inzwischen gar nicht mehr so oft findet. Ihre Blüten erinnern an wilde Rosen, ihre essbaren Früchte optisch an eine Mischung aus kleinen Äpfeln und Kiwis. Wer sich an den Häusern und Gärten sattgesehen hat, kann gemütlich im Gasthaus Buschkamp einkehren. Ein echter Wohlfühlort, denn dort verwöhnen Silvio Eberlein und sein Team die Gäste mit typisch ostwestfälischen Speisen. Allerdings wertet Eberlein sie immer wieder mit modernen Akzenten auf. Hier werden auch die Mispeln aus dem Garten zu Desserts verarbeitet. Einen ersten Schankbetrieb gab es in diesem Haus, dessen Einrichtung noch original erhalten ist, bereits ab 1869. Auf dem Gelände gibt es außerdem einen historischen Backspeicher, in dem Brot, die regionale Kartoffelspezialität Pickert oder Krustenbraten gebacken werden. Dort ist auch der Naturkostladen, in dem diese Leckereien sowie Eingemachtes und Wurst verkauft werden.

- Museumshof Senne, Buschkampstraße 75, 33659 Bielefeld
  www.museumshof-senne.de
- ÖPNV: RB 74, Bahnhof Bielefeld-Windelsbleiche (etwa 15 Minuten Fußweg)

Im Schoko-Schlaraffenland

31 In Weinrichs Schokoladenbruchbude in Herford

Orange, Himbeercrisp oder Vollmilchkeks? Vegan? Mit Trüffel, Whisky oder Champagner? Wer Schokolade liebt, kommt in Weinrichs Schokoladenbruchbude in Herford ganz sicher auf seine Kosten. Das Unternehmen, die Ludwig-Weinrich-Schokoladenfabrik, wurde 1895 als Keksfabrik gegründet. Seit 1960 konzentriert sich die Firma auf die Produktion von Schokolade für die Eigenmarke Weinrich 1895. Sie beliefert auch Kooperationspartner wie Gepa oder die Tochterfirma Eco-Finia mit Marken wie Vivani, Björnsted oder iChoc. In der Schokoladenbruchbude verkauft Weinrich einen Teil der vielen Marken und Sorten – etwa 150 Produkte. Schokoliebhaber haben also die Qual der Wahl. Da passt es besonders gut, dass in diesem Werksverkauf Schokoladen günstiger sind als im Handel: So kann man neue Sorten ausprobieren und spart dabei trotzdem – im Bio-Segment bis zu 50 Prozent. Zu den günstigeren Preisen kommt es, wenn beispielsweise das Mindesthaltbarkeitsdatum falsch aufgedruckt wurde oder es sich um eine Überproduktion handle, erklärt Natascha Meihöfer, Teamleiterin.

TIPP

Die angebotene Wundertüte bietet ein sehr gutes Preis-Leistungs-Verhältnis.

Trotz der Vielfalt an Sorten ist es die klassische Vollmilchschokolade, die am häufigsten verkauft wird. Frauen verwöhnen sich allerdings lieber als Männer mit den bitteren und zartbitteren Geschmacksrichtungen – weil diese Schokoladen als gesünder gelten. Auch die Entwicklung der veganen Schokoladen ist spannend: Schienen sie vor einigen Jahren nur ein Trend, sind sie jetzt fester Bestandteil des Sortiments. Was sicherlich auch damit zusammenhängt, dass es heute eine größere Auswahl an veganen Schokoladen gibt und sich ihr Geschmack verbessert hat.

Als Handelsmarkenhersteller produziert Weinrich übrigens auch Füllungen und Kuvertüreplatten – alles auch in Bio- und Fairtrade-Qualität. Letzteres bereits seit 1996, Bio-Schokoladen stellt Weinrich seit 1999 her. Seit 2014 läuft die gesamte Produktion mit zertifiziertem Kakao, seit 2016 kompensiert das Unternehmen seinen CO2-Ausstoß in Klimaschutzprojekten.

● Weinrichs Schokoladen Bruchbude, Steinstraße 28, 32052 Herford
www.weinrich-schokolade.de/bruchbude
● ÖPNV: Vom Bahnhof Herford 10 Minuten Fußweg

VIVANI
Feine Bitter
Orange
70% Cacao
Fine Dark
Orange
Noir
Orange
Fondente
Arancia
Bio Vivani 100g
Tafel
1,55 €
Vivani Zartbitter 100g
Tafel
1,30 €
Zartbitter
Mandel
Dark
Almonds
Noir
Amandes
Fondente
Mandorle
Bio Vivani 100g
Tafel
1,55 €
Edel Bitter
70% Cacao
Ecuador-Caribe
Superior Dark
Supérieur Noir
Fondente Extra
Edel Bitter Chili
70% Cacao
Bio Vivani 100g
Tafel
1,95 €
Bio Vivani 80g
Tafel
1,95 €
70
75
85
89
92
99
Edel Bitter
Cranberry
70% Cacao
Bio Vivani 100g
Tafel
1,95 €
Feine Bitter
85% Cacao
Fine Dark
Noir
Fondente
Edel Bitter
89% Cacao
Peru
Superior Dark
Supérieur Noir
Fondente Extra
Bio Vivani 80g
Tafel
1,95 €
CHOCOLATE TO GO
CHOCOLATE TO GO
CHOCOLATE TO GO
CHOCOLATE TO GO
Mandel
Orange
White Nougat
Crisp
Crunchy
Coconut
björnsted

Literatur im Vorbeigehen

32

Der literarische Wanderweg in Lage-Hörste

Schmale Wege, naturbelassen, ein kleiner See mitten im Wald. Und dazwischen immer wieder Stationen mit Gedichten. Das gibt es in Lage-Hörste. Hier windet sich der literarische Wanderweg auf insgesamt 2,4 Kilometern durch den Kurpark bis zum Hermannsweg und weiter in den Wald hinein bis zur Gaststätte Bienenschmidt – oder auch in die Gegenrichtung. An einigen Säulen gibt es Sitzbänke, um das Gelesene nachklingen zu lassen. Vielleicht wird man hier auf Fragen, die sich aus den Gedichten ergeben, Antworten in der Natur finden. Am Ende des Kurparks geht man links einige Meter auf einer Straße, bevor man nach rund 500 Metern den Hermannsweg erreicht. Auf ihm kann man eine weite Strecke durch den Teutoburger Wald wandern, falls der literarische Wanderweg einen erst auf den Geschmack gebracht hat. Dort, wo der literarische Wanderweg den Hermannsweg kreuzt, ist überdies die schönste aller Stationen, denn es wartet eine Hängematte mitten im Wald. Zusätzlich ist hier eine der in der Region verteilten 25 Hörstationen, an denen Großvater Hermann seiner erwachsenen Enkelin aus der Stadt Geschichten aus der Region erzählt. Wer nicht gerade in der Hochsaison und am Wochenende dort entlanggeht, hat den Wald oft für sich allein. So kann man sich in aller Ruhe mit den Gedichten auseinandersetzen, die an 20 Stationen auf ihre Leser warten. Sie werden alle zwei Jahre ausgetauscht. Die Gedichte kommen von regionalen Autorinnen und Autoren, die sich in den Gruppen LipPen und „Garten der Poesie“ zusammengefunden haben.

TIPP
Eine Rast mit Kaffee und Kuchen in der Waldgaststätte einplanen.

Über eine längere Strecke ist der literarische Wanderweg identisch mit dem Wildkatzenweg, sodass man neben den Gedichten auch einige der 13 Tierskulpturen aus Stahl von Künstlern am Wegesrand entdecken kann. Die Wildkatze ist das Wappentier des Naturparks Teutoburger Wald/Eggegebirge, erfreulicherweise leben hier noch einige Exemplare. Weil sie sehr scheu sind und Wandernde sie kaum je zu Gesicht bekommen, vermitteln die künstlerischen Umsetzungen einige Informationen zu den Wildkatzen.

- Literarischer Wanderweg, Parkplatz Waldgaststätte Bienenschmidt oder Haus des Gastes, 32791 Lage, www.lage.de
- ÖPNV: Ab Bahnhof Lage Bus 951, Haltestelle Lage-Stapelage, Ikenkamp

Eben mal telegrafieren

33 Auf dem Hungerberg in Marienmünster

Smartphone zücken, eine Nachricht schreiben und in Sekundenschnelle eine Antwort auf dem Display sehen. Natürlich war das nicht immer so. Aber wie genau war es denn früher? Sagen wir, im Jahr 1834? Damals gab es eine optische Telegrafenlinie zwischen Berlin und Koblenz, also über gut 600 Kilometer. Damit die militärischen Nachrichten übermittelt werden konnten, standen rund 60 Stationen entlang der Strecke. An den zugehörigen Masten waren Signalarme angebracht. Je nachdem, wie sie gestellt waren, hatten sie eine andere Bedeutung. Voraussetzung für die Informationsweitergabe war logischerweise eine gute Sicht. Um auf diese Weise einen Satz mittlerer Länge übermitteln zu können, brauchten die Telegrafierer 15 Minuten. An diese Zeit erinnert der Aussichtsturm auf dem Hungerberg bei Marienmünster. Dort stand einmal Station 30 der optischen Telegrafenlinie, OT 30 abgekürzt. Wer auf den 324 Meter hohen Hungerberge wandert und dann auch noch die gut 90 Stufen auf den Turm hinaufgestiegen ist, weiß, dass dieser Platz optimal gewählt war. Denn von der Aussichtsplattform auf 21 Metern Höhe hat man einen Rundum-Blick über die Steinheimer Börde und das Eggegebirge, der die Seele nährt und das Naturfreundeherz höherschlagen lässt. Auch die nahegelegene Abtei Marienmünster sieht man aus dieser Vogelperspektive.

TIPP

An der Abtei Marienmünster gibt es einen Parkplatz.

Der heutige Turm ist 2008 errichtet worden, um an die Zeit der optischen Telegrafenlinie zu erinnern. Auf dem Fundament der ehemaligen Telegrafenstation steht heute die Hungerbergkapelle. An OT 30 führt der sogenannte Telegrafenweg Naturfreunde und Technikinteressierte über Station 31 bei Entrup zur Station 32 in Oeynhausen. Gleichzeitig erhält man dabei einen Eindruck davon, wie das Leben eines Telegrafisten einst war. Wer also mehr als nur einmal hoch hinaus will, kann sich die gut 18 Kilometer lange Strecke zum ausgiebigen Wandern vornehmen. Wie der Hungerberg zu seinem Namen kam, ist übrigens nicht belegt. Mit „Hunger" soll es jedoch nichts zu tun gehabt haben.

- Hungerbergturm, Am Hungerberg, 37696 Marienmünster
www.kulturland.org
- ÖPNV: Ab Bahnhof Steinheim Bus R 90/R 91, Haltestelle Marienmünster, Abtei

Fast wie in Venedig

34

Im Paderquellgebiet in Paderborn

Üppige Büsche biegen sich über den Wasserlauf, Efeu hängt von ihn begrenzenden Mauern herab. Im Sommer hat man an manchen Stellen im Paderquellgebiet von Paderborn das Gefühl, in einem Urwald zu spazieren. Wem das zu weit hergeholt scheint: Wenigstens Venedig haben wir alle vor Augen, wenn wir auf dem Jenny-Aloni-Weg durchs Grüne schlendern, rechts die Börnepader, links die Damm- und die Warme Pader. Insgesamt entspringen sechs Flussarme aus den ungefähr 200 Quellen, die später die Pader bilden. Der Fluss ist nur 4 Kilometer lang und fließt über die ganze Länge durch Paderborn. Der Stadtname leitet sich also vom Namen des Flusses ab. „Born" ist eine frühe Bezeichnung für „Quelle" – passender könnte der Name für eine Stadt mit dem Paderquellgebiet im Zentrum also nicht sein. Dass Paderborn rund um diese Quellen entstanden ist, hat seine Gründe: Wo Wasser ist, kann man Bier brauen. Außerdem wächst dort Getreide. Insofern sind das Paderborner Bier und das gleichnamige Landbrot eine logische Konsequenz. Die Frauen nutzten das Wasser auch zum Waschen. Das zeigt eine Skulptur zwischen der Damm- und der Warmen Pader. Auch an einem Wasserrad kommt man bei einem Spaziergang vorbei. Es erinnert daran, dass schon im 16. Jahrhundert ein Wasserrad die Kümpe in der Oberstadt mit Wasser versorgte. Ein Kump ist ein Becken, das der Wasserversorgung diente, um immer Lösch- und Trinkwasser zur Verfügung zu haben.

TIPP

Im Mühlencafé auf Kaffee und Kuchen einkehren.

Zurück zur Venedig-Illusion: Wer durch das Paderquellgebiet schlendert, hat oft Einblick in die Grundstücke, die nahe am Wasser sind: Hier ein blühender Garten, dort ein Tischchen mit zwei Stühlen auf einem Holzsteg. Diese Einblicke regen zum Tagträumen an. Übrigens lohnt es sich, jenseits der Mühlenstraße noch weiterzugehen: Der Inselspitzenweg führt an den Punkt, an dem die fünf Arme in die Pader fließen. Dort ist auch die letzte der einst 20 Mühlen, die die Wasserkraft der Pader nutzten. Heute ist in dem Haus das Mühlencafé, das seinen Strom aus dem Paderwasser produziert.

- Paderquellgebiet, Jenny-Aloni-Weg, 33098 Paderborn
  www.paderpedia.de
- ÖPNV: Ab Paderborn Hauptbahnhof Bus 1, 5, 6, 28, 68, Haltestelle Neuhäuser Tor (etwa 10 Minuten Fußweg)

Staunen und Erinnern

35

Im Deutschen Automatenmuseum in Espelkamp

Was ist kurioser: eine Blechhenne, die nach Münzeinwurf ein ebensolches Ei legt, in dem sich eine Süßigkeit versteckt? Zwei Puppen, die wie Babys aussehen und scheinbar Milch trinken, wenn man schnell genug an einer Kurbel dreht? Oder ein Vier-Mann-Musik-Automat, der gegen Geld Luft ansaugt und diese dann einsetzt, um Musik zu erzeugen? In der Fachsprache heißt die sogenannte Decap Roboter Band übrigens „pneumatische Tanzkapelle". Zu bestaunen sind diese und andere Münzeinwurfautomaten, die zwischen 1887 und 1970 im Einsatz waren, im Deutschen Automatenmuseum in Espelkamp. Die Sammlung umfasst gut 2000 Automaten, ausgestellt wird lediglich ein kleiner Teil davon. Allerdings gibt es auch eine Wechselausstellung, in der immer wieder Automaten aus dem Depot neu zusammengestellt werden. Diese kommen, bevor sie ausgestellt werden, zunächst in die Werkstatt. Dort werden sie überprüft und, falls nötig, restauriert, bevor man sie den Besuchern zeigt.

Doch auch in der Dauerausstellung gibt es viel zu entdecken. Denn zu Zeiten, als Supermärkte noch selten waren und es kein Internet gab, boten Automaten die einzige 24-Stunden-Selbstbedienungsmöglichkeit. Ob Schokolade, Filme für Fotoapparate, Zündhölzer, Kugelschreiber, Tampons, ein Spritzer Kölnisch Wasser oder die Rasierstation an der Straßenecke: Gegen den Einwurf einer Münze bekam man recht unterschiedliche Produkte und Dienstleistungen. Für manche Gäste verbindet sich der ein oder andere ausgestellte Automat sicher noch mit Kindheitserinnerungen. Neben Waren und Dienstleistungen waren und sind dank Münzautomaten natürlich auch Unterhaltung und Glücksspiel an vielen Orten möglich, was viele Exponate abwechslungsreich demonstrieren. Sicher ist: Langweilig wird es nie in diesem Museum! Erklärvideos hinter QR-Codes liefern auch ohne Buchung einer Führung Informationen.

TIPP

Mit einer Führung versteht man die zeitlichen und gesellschaftlichen Zusammenhänge noch besser.

● Deutsches Automatenmuseum, Schlossallee 1, 32339 Espelkamp
www.deutsches-automatenmuseum.de

DECAP
ANTWERPEN
Hollywood
CRUCIANELLI

Balsam für die Sinne

36

Am Ibrüggers Teich im Stadtpark Gütersloh

Fast meint man sie ins Wasser rollen zu sehen, so leicht wirken die zwölf Edelstahlkugeln an der kleinen Wasserkaskade am Ibrüggers Teich im Stadtpark in Gütersloh. Tatsächlich sind sie aber mit Beton ausgegossen – und das mit gutem Grund. Die Skulptur, die hier vorher stand, wurde nämlich häufig beschädigt oder sogar teilweise entwendet. 2017 hatte dann der damalige Leiter des städtischen Fachbereichs Grünflächen die Idee mit den Edelstahlkugeln. Damit ist es ihm gelungen, am Stadtparksee dauerhaft einen Ort zu schaffen, der viele Sinne gleichzeitig anspricht.

Denn wer sich auf die Bank am Seeufer, direkt neben dem Wasserzulauf, setzt, hört das beruhigende Plätschern des Wassers. Hinzu kommen die Kugeln, in denen sich der Himmel und die Umgebung spiegeln. Mit etwas Glück riecht man im Sommer sogar noch den Duft der Pflanzen in der Nähe. Ein meditativer Moment.

Der Gütersloher Stadtpark ist schon mehrfach mit dem britischen Green Flag Award ausgezeichnet worden, denn der im englischen Landschaftsgartenstil angelegte Park bietet den Besuchern zusätzlich zu den alten Bäumen und Sichtachsen viele Attraktionen: So gibt es beispielsweise ein Licht- und Luftbad mit großen Liegen auf einer Dalke-Insel im Park, einen Lavendelgarten oder einen Fabelpfad mit Metallfiguren. Das Herzstück des Stadtparks ist aber der Botanische Garten mit seinen denkmalgeschützten Laubengängen. Im Sommer sind sie sehr beliebt, weil es dort kühl ist. Aus dem Laubengang heraus hat man an vielen Stellen einen schönen Blick auf die Fontäne in der Mitte. Der Botanische Garten ist überdies ein wahrer Schatz für alle, die Überraschungen lieben, denn hinter jeder Ecke ist er anders gestaltet.

Hier findet man außerdem ein Palmenhaus und ein Café, in dem Kuchenliebhaber besonders große Stücke serviert bekommen. Der Stadtpark Gütersloh und der Botanische Garten sind übrigens Teil des European Garden Heritage Network, das von England über Frankreich und die Benelux-Staaten bis in den Teutoburger Wald reicht.

TIPP

Auf der Obstwiese mit den alten Apfel- und Kirschsorten darf man die Früchte pflücken.

- Stadtpark Gütersloh und Botanischer Garten, Parkstraße/Am Stadtgarten, 33332 Gütersloh, www.stadtpark-guetersloh.de
- ÖPNV: Ab Gütersloh Hauptbahnhof Bus 205, Haltestelle Reckenberger Straße

Von Ziegen, Wald und Fischen

37 Gut Bustedt in Hiddenhausen

Sie sind ein Anziehungspunkt für Jung und Alt: die Ziegen im Gehege vor Gut Bustedt in Hiddenhausen. Nicht immer lassen sich die braunen oder schwarz-weiß gefleckten Tiere anlocken – meist schubbern sie sich lieber an den Holzpfählen –, aber wenn sie sich dem Zaun nähern, ist die Freude groß. Sie sind natürlich nicht die einzige Attraktion, die das Biologiezentrum in der alten Wasserburg zu bieten hat. Hier gibt es beispielsweise auch Hühner. Und falls das Tor am Ende der hölzernen Brücke geöffnet ist, können sich Gäste die großen und kleinen Fische, Frösche und Schlangen des Aquarien- und Terrarienvereins im Biologiezentrum ansehen. Hinter dem Biologiezentrum steht ein gemeinnütziger Verein, der mit mehr als 30 Mitarbeitern jährlich rund 20.000 Schülern aller Schulformen ökologische und umweltbezogene Themen vermittelt. Und das schon seit über 40 Jahren. Gut Bustedt ist aber auch für Erwachsene spannend.

TIPP
Wer spazieren gehen möchte, sollte feste Schuhe tragen.

Wer links um das Gebäude geht, ist zunächst auf einem breiten Weg, der auf der Rückseite des Guts immer schmaler, naturbelassener und abenteuerlicher wird. Das ist kein Wunder, denn hier geht man nicht auf offiziellen Wanderwegen. Hier finden Besucher den Bauerngarten des Guts, den die Gärtnerin seit 37 Jahren hegt und pflegt. Dort führt auch rechts ein kurzer Weg zu einem von mehreren kleinen Teichen mit Stegen. Sie können rutschig sein, darum betritt man sie auf eigene Gefahr. An den Teichen ist man an einem recht verwunschenen Ort, an dem man in Ruhe seinen Gedanken nachhängen kann. Sonntags hat man hier mehr Chancen auf Ruhe, als wenn unter der Woche Schulklassen auf dem Gut übernachten und Teichkurse angeboten werden. Von den Teichen geht man zurück auf den eigentlichen Weg und setzt ihn im Uhrzeigersinn fort. Bald gelangt man rechts auf einen breiteren Weg, der zum Parkplatz vor dem Gut zurückführt. Die erholsame Zeit draußen lässt sich aber mit Spaziergängen in der Umgebung fortsetzen, bei denen die Natur im Jahreskreislauf immer wieder neue Eindrücke bietet.

- Biologiezentrum Gut Bustedt, Gutsweg 35, 32120 Hiddenhausen
  www.gutbustedt.de
- ÖPNV: Ab Herford Bus 646, Haltestelle Hiddenhausen, Wortmann
  (etwa 15 Minuten Fußweg)

Zu Besuch beim Hermann

38

Das Hermannsdenkmal bei Detmold

Was wäre der Teutoburger Wald ohne seinen Hermann? Oder eigentlich ohne Arminius, denn das ist der ursprüngliche Name des Cheruskerfürsten, bevor er eingedeutscht wurde. Arminius gelang es, einige germanische Stämme zu vereinen und so gemeinsam das Vordringen des römischen Heeres zu stoppen. Darum steht Arminius beziehungsweise Hermann zu Ehren seit 1875 auf dem Berg Grotenburg bei Detmold eine Statue. Die Gesamthöhe von Unterbau, Kuppel und Standbild nebst in den Himmel gereckter Schwertspitze: über 53 Meter. Erbaut hat das Denkmal Ernst von Bandel als Nationalsymbol einer Einheit der deutschen Staaten. Bandel lebte während der Entstehung des Denkmals sogar einige Jahre auf dem Grotenburg – in der nach ihm benannten Holzhütte. Sie ist im Winter 2021 abgebrannt.

TIPP

Ausreichend Bargeld für den Parkautomaten einstecken!

Der Name des Berges Grotenburg bedeutet „Große Burg" und leitet sich von den Wallanlagen, die hier gefunden wurden, ab. Die Reste der Ringwallanlage als Teil einer Wallburg aus vorrömischer Zeit können noch heute besichtigt werden. Auf den Berg hinauf führen etliche Wanderwege. Wer sich für die Anreise mit dem Bus oder dem Auto entschieden hat, bekommt immerhin auf dem kurzen Rundweg um das Denkmal herum die Möglichkeit, ein bisschen von der eindrucksvollen Natur des Teutoburger Waldes zu erleben. An einigen Stellen öffnet sich hier der Blick zwischen Bäumen und Büschen über das weite Land. Das ist allerdings kein Vergleich zum Panoramablick, den man aus der luftigen Höhe des Hermannsdenkmals genießen kann. Der kurze Rundweg führt auch an einem Kletterpark und der Waldbühne vorbei. Sind keine Veranstaltungen, ist sie ein guter Platz für ein Picknick oder um in der Natur aufzutanken. Auf dem Grotenburg gibt es noch weitere Gedenkorte zu entdecken: Beispielsweise den Bismarckstein für den ehemaligen Reichskanzler, der als Einiger der deutschen Staaten durch das Kaiserreich gilt und darum oft mit Hermann gleichgesetzt wurde. Sein Gedenkstein steht also nicht zufällig in der Nähe des Hermannsdenkmals.

- Hermannsdenkmal, Grotenburg 50, 32760 Detmold
www.hermannsdenkmal.de
- ÖPNV: Von Detmold in der Saison am Wochenende Touristiklinie 792; wochentags Bus 703/704, Haltestelle Hiddesen

Sanft im Wind wiegen

39 Auf dem Nieheimer Kunstpfad in Holzhausen

Den Blick in die Baumwipfel und in den Himmel gerichtet, nichts als die betörende Stille des umliegenden Waldes in den Ohren. Schöner kann man seine „Me Time“ kaum verbringen. Allerdings muss man dafür auch etwas tun, denn die Windwiege von Birgit Kratzheller steht im Wald. Mitten im Wald: Um sie zu erreichen, parkt man am besten auf dem kleinen Parkplatz am Privatweg von Gut Holzhausen. Er geht von der Straße „Im Oberdorf“ an der Mauer des Guts links ab. Dann wandert man gut einen Kilometer auf einem breiten Weg den Berg hinauf. Links folgt man den Schildern mit der stilisierten vierblättrigen Blüte Richtung Windwiege. Der Weg ist jetzt schmal. Phantasiebegabte Menschen fühlen sich hier wie in einem Märchenwald, doch es gibt anderes zu entdecken als Rotkäppchen oder den Wolf. Nach ungefähr eineinhalb weiteren Kilometern erreicht man die stabile Holzschale, die einem UFO gleich zwischen den Baumstämmen zu schweben scheint. Wer den gut versteckten Zugang ins Innere findet, kann in völliger Abgeschiedenheit seine Gedanken fließen lassen. Untermalt werden sie vom Rauschen der Blätter, vom zarten Schwingen der Äste und vom Gezwitscher der Vögel.

Die Windwiege ist jedoch nicht die einzige Überraschung mitten im Wald bei Nieheim. Nur etwa 500 Meter entfernt hängt in den Bäumen ein kugeliges Baumhaus, das Nick von der Borch geschaffen hat. Es hat etwas von einem Lebewesen an sich: Die Fenster sind die Augen, die teils moosbewachsenen Schindeln wirken wie die vielfarbigen Schuppen eines überdimensionalen Reptils. Etwa einen Kilometer weiter hat Auke de Vries eine Attacke am Turm kreiert: Filigrane Speere durchbohren die massive Mauer des ehemaligen Beobachtungsturms am Holster Berg. Insgesamt können Wanderfreunde auf gut 10 Kilometern diese gelungene Kombination aus Natur und Kunst erfahren. Dabei liegen die Werke nicht immer direkt am Weg, sondern es lohnt sich, öfter nach links oder nach rechts abzubiegen, um etwas zu entdecken und sich das Gesamtbild zu erschließen.

- Nieheimer Kunstpfad, Kulturgut Holzhausen, Gutshof 1, 33039 Nieheim
www.nieheimer-kunstpfad.de
- ÖPNV: Ab Nieheim ZOB Bus R 71, Haltestelle Nieheim-Holzhausen, Scheips

Durch und durch fit

40 Rund um die Saline in Salzkotten

Der Vorteil kleiner Städte? Die kurzen Wege! Das zeigt sich besonders gut in Salzkotten. Dort findet man auf wenigen Metern alles, was man für eine Fitnesseinheit im Freien braucht: Zu Beginn wärmt man sich mit einer Lauf-, Walking- oder Spazierrunde entlang der Heder auf. Zwischen der Lange Straße und der Lange Brückenstraße sind das hin und zurück etwa eineinhalb Kilometer. Die Strecke lässt sich deutlich verlängern, wenn man durch den Franz-Kleine-Park bis zu den Hederwiesen und weiter bis in den Thüler Moorkomplex läuft. Wem weniger Auslauf reicht, der kann an zwei Stellen dank der Brücken, die über die Heder führen, abkürzen.

Nächste Station: der Aktiv-Mitmach-Spielplatz. Dort können auch Erwachsene beim Balancieren ihren Gleichgewichtssinn trainieren. Nach dieser Fitnesseinheit kann man sich mit dem Wellness-Part belohnen, denn es sind nur wenige Meter bis zur Salzkottener Saline. Hier folgt die Verschnaufpause in der guten salzhaltigen Luft, um frische Kraft zu tanken. Das über 50 Meter lange Gradierwerk zur Salzgewinnung hat die Stadt 1997 neu aufgebaut. Die Sole, die dort über die Schwarzdornwände rieselt, kommt aus der Quelle „Neuer Sprudel". Schräg gegenüber an der Heder erinnert auch das 1987 wieder aufgebaute Kunstrad an die Geschichte der Salzgewinnung in der Stadt: Früher stand hier ein Wasserrad, das die Pumpen des Gradierwerks antrieb, 1908 wurde die Salzproduktion eingestellt. Letzter Fitnesspunkt, direkt hinter dem Gradierwerk, ist das Kneippbecken, das ebenfalls mit dem solehaltigen Wasser gespeist wird. Frisch aus der Quelle hat es üblicherweise zwischen 11 und 15 Grad Celsius. Auch ein Armbecken steht hier für die Gäste bereit, die nach den Regeln der Wasserkur von Sebastian Kneipp ihre Gesundheit stärken wollen. Besonders kaltes Wasser soll die Atmung und den Kreislauf anregen. Darum können kühlere Tage für diese vierteilige Fitness- und Wellnesseinheit effektiver sein als heiße Sommertage, an denen eventuell auch die Wassertemperatur steigt.

TIPP

Zur Historischen Ölmühle mit Backhaus sind es wenige Minuten. Sie hat aber nicht immer geöffnet.

- Salzkottener Saline, 33154 Salzkotten
  www.paderborner-land.de/deu/entdecken/standorte/gradierwerk.php
- ÖPNV: Ab Paderborn Hauptbahnhof RB 89, Bahnhof Salzkotten

Höhenblick und Wanderlust

41 Auf dem Wiehenturm in Büscherheide

125 Stufen geht es nach oben, bis man auf der Plattform des Holzturms in gut 29 Metern Höhe ankommt: Der Wiehenturm bei Büscherheide in Preußisch Oldendorf ist 2021 nach gut zwei Jahren Renovierung wieder eröffnet und überdacht worden. Gleichzeitig hat man ihn etwa viereinhalb Meter höher gebaut. Weil das Wiehengebirge hier auf 204 Meter steigt, kommt man bei der Besteigung der Aussichtsplattform also auf stattliche 233 Meter über dem Meeresspiegel. Die Höherlegung der Plattform wurde nötig, weil die umstehenden Bäume ziemlich groß gewachsen sind. Was aber brächte eine Aussichtsplattform mit Baumwipfel-, aber ohne Panoramablick? Der ist jetzt vom neuen, höheren Wiehenturm erst einmal gesichert. Von hier oben hat man einen weiten Blick über das Wiehengebirge und das Eggetal, bei guter Sicht sieht man sogar bis zu 50 Kilometer weit. Und somit auf jeden Fall auch ins benachbarte Niedersachsen, denn die Landesgrenze ist nur einen Katzensprung entfernt.

Wem der Aufstieg auf den Turm als sportliche Aktivität nicht genügt, der wandert noch ein wenig weiter durch den umliegenden Wald, durch den nämlich der Wittekindsweg führt. Er verbindet auf 95 Kilometern Osnabrück mit Porta Westfalica und ist Teil des Europäischen Fernwanderweges E11. Folgt man ihm, erreicht man nach ungefähr 3,5 Kilometern die Ruine der Burg Limberg. Im Wesentlichen ist dort der quadratische Bergfried erhalten, der aus dem 13. Jahrhundert stammt und gut zwölf Meter hoch ist. Die Burg ist das Wahrzeichen von Preußisch Oldendorf. Hier endet auch der 41 Kilometer lange Sachsenweg, der von der Burg Ravensberg in Borgholzhausen bei Gütersloh herführt. Wanderbegeisterte finden also ausreichend Möglichkeiten, ihrem Hobby nachzugehen. Wer Wald und Natur lieber ein wenig geruhsamer auskosten möchte: Nicht weit vom Wiehenturm befindet sich eine Schutzhütte mit einer Picknickstelle und sogar einem Grillplatz.

● Wiehenturm, Bergstraße, 32361 Preußisch Oldendorf
https://tourismus.preussischoldendorf.de
● ÖPNV: Ab Preußisch Oldendorf, Rathaus Bus 626, Haltestelle Oldendorf-Eininghausen, Brüggemeier

Wellness im Garten

42

Hotel-Residence Klosterpforte in Marienfeld

Es scheint ein kleines Paradies auf Erden zu sein: Grünlich schimmert der Naturteich, eingerahmt von Holzdielen, im Wellnessgarten des Hotels Klosterpforte in Harsewinkel-Marienfeld. Rundherum stehen Liegen für die entspannungsuchenden Gäste bereit, die hier auch eine 90-Grad-Sauna im Blockhausstil und zwei Ruhebereiche finden. Diese sind so angelegt, dass die Gäste viel Privatsphäre haben, selbst dann, wenn es einmal voller werden sollte. Durch die großen Fenster in den Rückzugsräumen hat man einen guten Blick nach draußen zum See, und eine kleine Teeküche für die nötige Flüssigkeitszufuhr an einem ausgiebigen Wellnesstag steht auch bereit. Der erst 2019 angelegte Wellnessgarten ist damit einc gute Ergänzung für das Vier-Sterne-Hotel und den bisherigen Spa-Bereich mit Dampfbad und kleinem Pool im Untergeschoss des Gebäudes.

Überhaupt ist die Klosterpforte ein Wohlfühlort: Sie steht am Eingang des über 800 Jahre alten Zisterzienser-Klosters Marienfeld, in dem sich noch heute Gäste an den historischen Gebäuden und dem Klostergarten erfreuen können. Bei einem Spaziergang über das Gelände kommt man auch an einem Teich, der Klosterkirche und dem Klosterladen vorbei. In Letzterem gibt es gute Weine.

TIPP

Rund um die Klosterpforte gibt es viele Spazier- und Wanderwege. Gute Schuhe einpacken!

Die Zimmer im Hotel sind in Gold- und Brauntönen gehalten, was Wärme und Gemütlichkeit ausstrahlt. Am Morgen lockt das Frühstücksbuffet mit einer großen Auswahl an Käse, Wurst und Obst. Wer möchte, kann abends im Klosterkeller bodenständig essen und nachmittags im Café Kuchen schlemmen.

Heute wird das Wellnesshotel von den Familien Frie und Schemmink geleitet. Doch angefangen hat alles ganz anders im Jahr 1953: Damals ersteigerte die Familie Frie die Klosterpforte und eröffnete eine Gaststätte. Sonntags gab es früher das typische Herrengedeck, ein Bier und einen Schnaps. Nach und nach wurde dann aus der Gaststätte eine moderne Hotelanlage. Sogar ein Sporthotel gibt es heute auf dem Gelände, das gerne von Fußballmannschaften als Trainingslager genutzt wird.

- Hotel-Residence Klosterpforte, Klosterhof 2–3, 33428 Harsewinkel-Marienfeld www.klosterpforte.de
- ÖPNV: Ab Gütersloh Hauptbahnhof Bus 71, Haltestelle Marienfeld Bürgerhaus

Kunst an allen Ecken

43

In Vlotho durch die Lange Straße

Eine Schulung in Achtsamkeit bekommt, wer durch die Lange Straße in Vlotho geht. Dort gibt es viele gut erhaltene Fachwerkhäuser, einige nette Läden – und vor allem ganz viel Kunst im öffentlichen Raum. Die allerdings sieht nur, wer sich Zeit nimmt, den Blick auch einmal nach oben schweifen lässt und links und rechts des Weges schaut. Denn viele der großen Fassadengemälde sind weit oben angebracht, während die kreativ gestalteten Strom- und Verteilerkästen häufig unterhalb der üblichen Blickhöhe und manchmal sogar verborgen hinter Büschen sind. Doch Kunstliebhaber, die suchen, finden: Da ist zum Beispiel die asiatische Dame „Asian Beauty" von Isabeau Backhaus, die etwas geringschätzig auf die Straße schaut. Oder ist sie eher erzürnt? Kaum zu übersehen ist dagegen das „Hotel Grosskord" von Elbrus Sultanov, Cornelia Waschkowitz und Swetlana Pfau am Sommerfelder Platz. Dort war das gleichnamige Hotel bis 1966. Heute erinnern das Bild eines Stubenmädchens, das einen Vorhang zurückzieht, und eine schwarz-weiß geflieste Lobby mit einem livrierten Pagen und mondänen Besucherinnen auf der Fassade an diese längst vergessene Zeit.

Vor der Hotelfassade steht auch eine von mehreren Skulpturen. Sie heißt „Vier Elemente" und sieht auf den ersten Blick nur wie ein grob behauener Stein aus. Tatsächlich sind dort aber die vier Elemente Feuer, Wasser, Erde und Luft dargestellt, die für die Geschichte und Wirtschaftskraft der Stadt stehen beziehungsweise standen. Das waren Ziegel, die Weser, Zigarren und Windmühlen. Besonders viel zu entdecken gibt es rund um den Glockenbrunnen, der die Straße schon seit 35 Jahren bereichert. Auf seinem Boden glänzen türkisfarbene Glassteine. Faszinierender sind aber die beweglichen Gelenke im Brunnen, die sich je nach Füllstand bewegen und aneinanderstoßen, sodass ein heller Ton wie beim Läuten einer kleinen Glocke entsteht. Rund um diesen Brunnen sind mindestens drei großformatige Gemälde und eine weitere Skulptur zu sehen.

TIPP

Die Lange Straße in beide Richtungen gehen, damit man auch wirklich alle Kunstwerke entdeckt.

- Lange Straße in 32602 Vlotho
- ÖPNV: Vom Bahnhof Vlotho etwa 5 Minuten Fußweg

Hotel Grosskord

Durch die Zeit schlendern

44 Im LWL-Freilichtmuseum Detmold

Wie war das eigentlich früher? Damals, so vor 100 oder 200 Jahren? Wie haben da unsere Vorfahren auf einem Hof in Minden gelebt? Wie in Paderborn? Wie hat ein Schmied gearbeitet? Ein Töpfer? Oder ein Landwirt? Und wie hat man damals eigentlich Häuser gebaut? Auf alle diese Fragen finden Besucher des LWL-Freilichtmuseums in Detmold Antworten. Zumindest, wenn sie sich genügend Zeit für ihren Bummel durch die Häuser, die Werkstätten und Höfe nehmen, denn das Museum ist groß. Genauer gesagt ist es das größte Freilichtmuseum in Deutschland. Besucher können dort durch 500 Jahre westfälische Alltagsgeschichte und rund 120 historische Gebäude streifen. Wer sein Wissen zu einem speziellen Thema vertiefen will, bucht eine Führung – beispielsweise zum Fachwerkbau, der Gartengestaltung im Laufe der Jahrhunderte oder zum Hofleben. Aber auch ohne Führung lernt man beim Abtauchen in die Vergangenheit viel Neues, denn in den Werkstätten wird gebacken, getöpfert oder fotografiert – eben so, wie man das früher gemacht hat. Dabei können die Besucher gerne zuschauen. In den Gärten finden sie außerdem alte Tierarten, die teilweise vom Aussterben bedroht sind.

TIPP

Auf jeden Fall in der Bäckerei Brot oder Gebäck kaufen.

Die Häuser standen einst an anderen Orten. Früher brachte man sie aus ganz Westfalen in Stücke zerlegt nach Detmold und hat sie dort nach und nach wieder aufgebaut. Heute kommen sie in großen Quadern, das nennt man Ganzteiltranslozierung. Sie werden also an einen anderen Ort versetzt. Das gelingt mithilfe von Schwertransportern, die meistens nachts unterwegs sind, um den Verkehr nicht zu behindern. Der große Vorteil dieser Vorgehensweise: Vieles wie Tapeten und Putz bleiben im Original erhalten. Das Haus des Tagelöhners aus Rösebeck zum Beispiel wurde so ins Paderborner Dorf verfrachtet. Für die kommenden Jahre stehen Neuerungen an: 2022 soll mit dem Bau eines neuen Eingangs- und Ausstellungsgebäudes begonnen werden. Somit wird es künftig viel mehr Möglichkeiten geben, Schätze aus dem Depot in Sonderausstellungen zu zeigen.

- Westfälisches Landesmuseum für Alltagskultur, Krummes Haus, 32760 Detmold www.lwl-freilichtmuseum-detmold.de
- ÖPNV: Ab Bahnhof Detmold Bus 701, 703, 782, Haltestelle Freilichtmuseum

Wie im Mittelalter

45 Im historischen Stadtkern von Brakel

Es ist ein Gefühl von heiler Welt und Heimat, das Besucher auf dem Marktplatz von Brakel verspüren. Blitzsauber ist er, und die teils viele Jahrhunderte alten Fassaden sind liebevoll restauriert. Da ist zunächst das Rathaus mit seinem Treppengiebel. Der Kernbau ist aus dem 13. Jahrhundert, der Giebel und das Portal kamen später dazu. Direkt davor steht die Rolandsäule aus Sandstein. Sie ist ein Zeichen dafür, dass der Stadt 1385 das Marktrecht verliehen wurde. Die Rolandsäule diente auch einige Zeit als Pranger. Wer dort für einen Tag festgebunden wurde, sühnte öffentlich für seine Vergehen. Was die Säule heute besonders macht: Sie zeigt eines von nur zwei Rolandsbildern in ganz Westfalen. Rechts vom Rathaus ist das Haus des Gastes, ein ehemaliges Ackerbürgerhaus. Das waren Gebäude mit einer großen Toreinfahrt, die auch für einen Landwirtschaftsbetrieb geeignet waren. Links vom Rathaus ist die Alte Waage. Das Gebäude war im Laufe der Zeit Gefängnis, Speicher und Stadtwaage und hat einen wiederhergestellten Treppengiebel ähnlich dem des Rathauses. Sehenswert ist auch der Brunnen auf dem Marktplatz mit seinen Figuren. Eine stellt „dat Mäken van Brokel“ dar, ein junges Mädchen, das die Heilige Anna in der ihr gewidmeten Kapelle um einen Mann bat. Die Heilige Anna wird als Mutter Marias verehrt und mit ihrem Kind in der Kapelle dargestellt. Auf die Bitte des Mäken antwortete jedoch nicht die Heilige, sondern der lauschende Küster mit verstellter, kindlicher Stimme. Dem Mäken gefiel die Antwort nicht. Sie wies daraufhin das Marienkind mit deutlichen Worten zurecht, es solle doch seine Mutter sprechen lassen.

Vom Marktplatz gehen zwei Haupteinkaufsstraßen ab. Dort sind Läden mit Kleidung, Dekoration oder Kosmetik sowie ein Café. Sie sind oft in restaurierten Fachwerkhäusern untergebracht. Die pittoreske Stadt kann man sich auch erschließen, indem man den grünen Schildern mit der Aufschrift „Historischer Stadtrundgang“ folgt.

TIPP

Vor der Kirche unter den Bäumen auf einer Bank die Stimmung des Luftkurorts genießen.

● Marktplatz Brakel, Am Markt, 33034 Brakel
www.westfaelische-hanse.de/hansestaedte/brakel

● ÖPNV: Ab Höxter Bahnhof/Rathaus RB 84, Bahnhof Brakel (Höxter)

Geschichte(n) im Wald

46 Das Hörmuseum in Blankenrode

Mehr als nur Erholungsgebiet ist der Wald bei Blankenrode. Dort bekommen Spaziergänger nämlich Geschichtsunterricht unter hohen Bäumen: Wie haben die Menschen im 14. Jahrhundert gelebt? Durften Kinder zur Schule gehen? Was passierte, wenn ein Dorf oder eine Stadt von Feinden angegriffen wurde? An zwölf Bäumen sind dort solargesteuerte Hörstationen eingerichtet: Erzeugt die Sonne ausreichend Energie, bekommen die Spaziergänger beim Erreichen der Bäume Geschichten erzählt. Die Steuerung funktioniert über Bewegungssensoren, man muss also nichts tun, nicht einmal einen Knopf drücken.

Blankenrode war 1248 als Stadt und Festung gegründet worden. Ihre Aufgabe war es, den Warburger Weg zu kontrollieren, der damals eine wichtige Handelsverbindung war. Damit die Stadt gesichert war, hatte man sie mit einem Wall und einem Graben umgeben, später kamen eine Mauer und Stadttore hinzu. Von der einstigen Festung ist an dieser Stelle zwar nichts mehr zu sehen, Spaziergänger im Naturpark Teutoburger Wald/Eggegebirge erfahren aber trotzdem, wie's 1393 in Blankenrode war: Schmiede, Gasthaus, Marktplatz – durch diese Hörerfahrung wird das Mittelalter dank der Erzählungen und authentischer Hintergrundgeräusche plötzlich sehr lebendig. 1393 wurde nicht zufällig als Erzählzeit ausgewählt. Damals wurde Blankenrode angegriffen, zerstört und sogar aufgegeben. Eine aufgegebene Stadt nennt man „Wüstung". Darum ist heute immer wieder die Rede von der „Stadtwüstung Blankenrode". Entsprechend ist die letzte Station des Hörmuseums nicht nur unterhaltsam, sondern macht auch nachdenklich. Die wenigen archäologischen Fundstücke zählen übrigens zu den interessantesten in Nordrhein-Westfalen. Alles in allem ist die Hörmuseumsrunde mit dem sogenannten Zuweg vom Waldrand bis zur ersten Station und wieder zurück etwa 3,4 Kilometer lang. Der Weg ist gut ausgeschildert, an besonders prägnanten Stellen weisen Metallskulpturen die Richtung.

TIPP

An einem sonnigen Tag ins Hörmuseum gehen. Dann funktionieren die Hörstationen am besten.

- Hörmuseum Blankenrode, Parkplatz Blankenroder Straße/Eggeweg, 33165 Lichtenau-Blankenrode
  www.naturpark-teutoburgerwald.de
- ÖPNV: Ab Lichtenau Bus 479, Haltestelle Blankenrode

Kultur in Natur

47 Im Park von Schloss Benkhausen in Espelkamp

Es ist eine kurze Runde, aber die Kombination von Kunst, Kultur und Natur erfreut das Herz: In der Verlängerung der Schlosseinfahrt über die Schlossallee hinweg beginnt ein etwa 2 Kilometer langer Spazierweg rund um Schloss Benkhausen, das heute ein Tagungshotel ist. Er führt zunächst zur historischen Erbbegräbnis-Stätte der Familie von dem Bussche-Münch. Dazu geht es durch einen engen Eiben-Tunnel, der schon durch seine Dunkelheit auf das Thema Tod verweist. Danach spaziert man über eine kurze Hängebrücke Richtung Mittellandkanal. Hier kann man die vielen Schiffe beobachten, die den Kanal als Transportweg nutzen. Nach wenigen Metern biegt der Weg links ab, man überquert die Flöthe auf einer schmalen Stahlbrücke und sieht die erst 2020 angelegte nachhaltige Streuobstwiese mit alten Sorten. Im Anschluss erreichen die Spaziergänger den Wald. Die vielen Sitzbänke bieten einen guten Platz, um die Vögel zu beobachten, die rund um die aufgehängten Nistkästen schwirren. Dann gelangen die Spaziergänger zu einem 43 Meter langen Holzsteg, der durch ein Feuchtbiotop führt. Immer wieder stößt man bei dieser Runde auch auf temporäre Kunstwerke wie das von Wolfgang Steinberg: Er hat Baumstämme teilweise mit einem Kalkanstrich weiß angemalt. Zum einen, um sie vor Austrocknung und Schädlingen zu schützen, andererseits, um ihre Unschuld und Friedlichkeit durch die Farbe Weiß zu betonen.

TIPP
Mit an Selfie-Punkten gemachten Fotos bekommt man im Automatenmuseum daneben ein Erinnerungspräsent.

Schließlich erreicht man den Eingang des Schlossparks. Auch hier gibt es viel zu sehen. Beispielsweise exotische Bäume wie den Abendländischen Lebensbaum aus dem Nordosten der USA und Kanadas oder den Bergschneeglöckchenbaum, ebenfalls aus dem Nordosten Amerikas. Aber auch einige Skulpturen beleben und prägen diesen Landschaftsgarten. Herzstück ist der geometrisch angelegte englische Garten mit seinen Sichtachsen. Hier blüht zu jeder Jahreszeit etwas. Wer am Wochenende da ist, kann seinen Spaziergang mit Kaffee und Kuchen im Schloss-Café „Die Rentei“ abschließen.

● Schloss Benkhausen, Schlossallee 1, 32339 Espelkamp
www.schloss-benkhausen.de

Verwunschene Klosterecken

48 Kloster und Gärten in Herzebrock

Wer vom Parkplatz an der Klosterstraße kommend auf die Klosteranlage in Herzebrock und das Pfarrzentrum St. Christina zugeht, ahnt nicht, dass sich auf der anderen Seite der wuchtigen Gebäude ein ganz zauberhafter Ort befindet. Dort, wo man an der Kirche noch Reste des gotischen Kreuzgangs sieht, wirkt das ehemalige Kloster nahezu verwunschen, denn an den alten Bruch- und Backsteinwänden, die den Hof umgeben, rankt sich an einigen Stellen Efeu empor. Andere Mauerteile sind verdeckt von großen Rosenbüschen mit hellrosa Blüten. Hinzu kommt das warme Gelb des Sandsteins in der Mauer. Im Sommer blühen hier auch Lavendel und Goldrute. Im Herbst breiten umstehende Bäume ihr rotes Laub wie einen Teppich vor dem ehemaligen Benediktinerinnenkloster aus.

Das Kloster wurde 860 als Kanonissenstift für Töchter des niederen Adels gegründet. 1208 wurde es zum Benediktinerinnenkloster und bestand weiter bis zur Säkularisation 1803. Mit der Kirche im Rücken öffnet sich der Blick in weitere Teile des ehemaligen Klostergartens. Sie wurden Anfang des Jahrtausends so rekonstruiert, wie sie zur Zeit der Benediktinerinnen waren: Es gibt beispielsweise eine Obstwiese und einen Fischteich, mit dem die Bewohnerinnen das Kloster und das Pastorat versorgten. Heute kann man eine kurze Runde um den Teich drehen. Dabei eröffnen sich immer wieder neue Blicke auf die ehemalige Klosteranlage, deren Reste etwas verwunschen zwischen Bäumen und Büschen stehen. Ein Rosengarten hinter einer Weißdornhecke spricht außerdem zur Blütezeit die Sinne an.

Wer vom Kloster kommend auf den Teich zugeht, an dessen linker Seite eine Brücke überquert und dann am Sportplatz vorbeigeht, kommt auf eine Allee bis in den Wald hinein. Mehr an Geschichte Interessierte können sich im Heimatmuseum am ehemaligen Kloster umsehen. Es erzählt mit vielen Exponaten dessen mehr als 1100 Jahre alte Geschichte sowie die des Ortes und der Kirche. Das Museum hat nur an Sonntagen zwischen 15 und 17 Uhr geöffnet.

- Klosteranlage Herzebrock, Klosterstraße 6, 33442 Herzebrock-Clarholz
- ÖPNV: Vom Bahnhof Herzebrock etwa 15 Minuten Fußweg

Genießen für Gourmets

49 Einkaufen in der Markthalle in Herford

Käse aus der Normandie, Wildsalami, Tropea-Zwiebeln aus Kalabrien oder Zitronen von der Amalfi-Küste: In der Herforder Markthalle finden Feinschmecker viele Produkte, nach denen man anderswo lange suchen muss. Zusätzlich gibt es Fleisch, Backwaren, Tee und Kaffee sowie eine große Auswahl an Bioprodukten. Auch Strickwaren oder Eierlikör aus der Region und die Eigenprodukte der Lebenshilfe Herford aus den Herforder Werkstätten bereichern das vielfältige Angebot. Ein Besuch lohnt sich also immer – egal, ob man Alltagsartikel braucht oder auf der Suche nach etwas Besonderem ist. Allerdings: Dazu sollte man eher früh aufstehen, denn die Markthalle hat dienstags, donnerstags und samstags die gleichen Öffnungszeiten wie der Außenmarkt: verkauft wird von 7 bis 14 Uhr. Freitags ist von 10 bis 14 Uhr geöffnet. Zu diesen Zeiten kann man in der Markthalle übrigens auch kleine Gerichte essen: Mehrere Stände bieten einen Mittagstisch an. Darunter sind auch vegetarische und vegane Leckereien. Und wer früher dran ist, kann in der Markthalle sogar frühstücken: Lachs mit Rührei beispielsweise. Die Markthalle ist aber mehr als nur ein Shopping-Paradies, denn hier gibt es auch immer wieder Lesungen, Kochevents oder Konzerte. Sogar eine Fastenwoche mit ergänzenden Vorträgen fand hier schon statt.

Weil die Markthalle gegenüber dem Rathaus und mitten in der Stadt liegt, ist sie so etwas wie das Herz von Herford. Von hier kommt man auch schnell in die Fußgängerzone mit den vielen Geschäften – oder zur großen Kunst im Museum Marta. Die Markthalle wurde 2019 nach zwei Jahren Restaurierungsarbeit und mit diesem neuen Konzept wiedereröffnet. Wochenmärkte an sich haben in Herford aber schon eine lange Tradition: Es gibt sie seit 1883 und seit 1901 in einer Halle. 1913 bis 1916 wurde die jetzige Markthalle im neobarocken Stil gebaut. Seit den 1980er-Jahren diente sie jedoch als Mehrzweckhalle, in der auch Partys oder Public Viewing stattfanden.

- Markthalle Herford, Rathausplatz 2, 32052 Herford
www.markthalle.herford.de
- ÖPNV: Vom Bahnhof Herford etwa 10 Minuten Fußweg

plant based cuisine
Bio-Käsespezialitäten

Lehrstunde in der Natur

50 Weg der Sinne in Laßbruch

Auf einer 7 Kilometer langen Runde durch Feld, Wiesen, Wald und die Dörfer Laßbruch und Kükenbruch den Körper fit halten? Gute Sache! Besser kann so ein ausgedehnter Spaziergang nur noch werden, wenn man dabei auch den Geist ein wenig fordert. Das geht auf dem Weg der Sinne: Dort kommt man auf dem Rundwanderweg an Stationen vorbei, die spielerisch naturwissenschaftliche Kompetenzen fördern. So können Spaziergänger schräg gegenüber der Alten Schule einen Wasserstrudel erzeugen. Nur wenige Meter weiter geht es um ein Prisma und die vielen Farben, die beim Drehen und Hindurchschauen die Umwelt ganz ungewohnt aussehen lassen. Die schönste Station ist aber der Summstein. Das liegt zunächst an seiner Lage: Er steht mitten in den Feldern. Fern der Durchgangsstraßen kann man hier das viele Grün und die ruhige Natur des nordlippischen Berglandes genießen. Dazu lädt auch die Bank vor dem Findling ein: „Wir sollten öfter mal einen Gang runterschalten und uns ganz bewusst zur Ruhe setzen" steht auf ihrer Lehne.
Ein guter Platz also für eine Pause oder sogar ein kleines Picknick. Wer nach dieser Erholung mutig genug ist, den Kopf in die Aushöhlung im Stein zu stecken und zu summen, wird tief in sich selbst einen lauten Ton hören und fühlen. Für viele wahrscheinlich eine ganz neue Erfahrung. Eine weitere Station an dem Rundweg ist eine Duftorgel. Na, alle Gerüche erkannt? Vor den einzelnen Stationen stehen immer Tafeln, die den Besuchern erklären, was sie hier wie erleben können. Der Weg der Sinne führt auch an einigen Sehenswürdigkeiten vorbei – beispielsweise an einer historischen Scheune, deren Umfeld künstlerisch gestaltet ist. Oder am ersten Windrad im Extertal und an einem Steinbruch. Außerdem gibt es Panoramafenster, die den Blick auf das Wesentliche in der Landschaft lenken. Der Rundwanderweg ist mit blauen Schildern markiert, auf denen in Weiß „Weg der Sinne" steht. Nach mehreren Regentagen kann der Boden stellenweise matschig sein. Feste Schuhe sind darum sinnvoll.

● Weg der Sinne, Parkplatz Lange Straße 2, 32699 Extertal-Laßbruch
www.marketing-extertal.de/weg-der-sinne

Die Einsamkeit suchen

51 An der Klus Eddessen bei Borgholz

Einfach mal ganz weit weg von allem sein? Das ist bei Borgholz an der Klus Eddessen möglich. Die Klus ist eine Eremitenklause mit einer kleinen Kapelle mitten im Wald. Und der Weit-weg-von-allem-Faktor beginnt schon mit der Anfahrt: Viele Kilometer fährt man auf schmalen Landstraßen Hügel auf und ab und um scharfe Kurven. Dann geht es auf einer einspurigen Straße noch etwa einen Kilometer in den Wald. Und plötzlich steht man vor der kleinen weißen Kapelle. Wer mittags um 12 Uhr da ist, hat das Glück, dass die Glocken gerade läuten. Vor der Kapelle stehen einige Holzbänke unter den Bäumen. Dort kann man den Blick auf das Kirchlein mit den es umrundenden Bildstöcken des Kreuzwegs und den Frieden genießen, den der Ort ausstrahlt. Die Lichtung, auf der die Kapelle steht, wurde übrigens wie ein Wunder vom Orkan Friederike verschont, der rundum im Januar 2018 einen ordentlichen Kahlschlag im Wald angerichtet hat. Die Wallfahrtskapelle wurde 1450 aus den Bruchsteinen errichtet, die von dem 1447 zerstörten Dorf Eddessen übrig geblieben waren. Das heutige Gebäude ist allerdings ein Nachbau. Die Kapelle ist nicht immer geöffnet, aber durch ein Fenster in der Tür kann man einen Blick ins Innere werfen.

In der Klus haben in den vergangenen Jahrzehnten immer wieder Einsiedler gelebt, Männer wie Frauen. Bevor Besucher zu einem Spaziergang durch den Wald aufbrechen, sollten sie eine Runde um die Klus drehen: Am Brunnen am leise plätschernden Klusbach beispielsweise ist eine Kreuzsammlung angelegt worden. Dort hat man auch einen Blick auf den Garten der Klus, in dem es im Sommer schön grünt und blüht. Weitere spirituelle Orte in der Nähe sind die Wallfahrtskirche St. Marien sowie die Wanderung entlang eines Kreuzwegs auf den Jakobsberg. St. Marien erfreute sich in den 1970er-Jahren derart großer Beliebtheit, dass die Deutsche Bahn an Wallfahrtstagen Sonderzüge einsetzen musste, um die vielen Besucher an ihr Ziel zu bringen.

TIPP

In Dalhausen erinnert ein kleines Korbmachermuseum an die Wirtschaftsgeschichte des Ortes.

● Klus Eddessen 1, 34434 Borgentreich
www.pastoralverbund-borgentreicher-land.de/klus.php

Bei den Vögeln zu Hause

52

Rund um das Steinhorster Becken bei Delbrück

Mit lautem Quaken fliegt eine Ente auf eine der vielen Wasserflächen zu, die das Steinhorster Becken bilden. Sie gesellt sich zu ihrem Artgenossen, und gemeinsam fliegen sie weiter, dem gegenüberliegenden Ufer entgegen. Nur wenige Meter weiter steht ein Reiher unbeweglich am Wasserrand, ein anderer stelzt langsam am Ufer entlang, vielleicht ist er auf der Suche nach Nahrung. Auch eine Herde Gänse hat sich im Naturschutzgebiet versammelt. Auf der anderen Seite des Weges stolzieren Fasane durch das Grün. Schon die ersten Meter auf dem Wanderweg A3 rund um das Steinhorster Becken geben Einblick in die Vielfalt der Vogelwelt, die hier zu Hause ist. Wer die Tiere nicht nur im Vorbeigehen beobachten möchte, kann auf einer der zahlreichen Sitzbänke am Weg Platz nehmen. Außerdem gibt es in Holztürmen Vogelbeobachtungsstationen.

TIPP

Mit einem Fernglas sieht man aus den Vogelbeobachtungsstationen noch deutlich mehr.

Das Steinhorster Becken ist nicht natürlich entstanden, sondern ein angelegtes Biotop – übrigens das größte seiner Art in Nordrhein-Westfalen. Vogelkundler haben hier Ende der 1980er-Jahre das Schöne mit dem Nützlichen verbunden, nämlich den Hochwasserschutz mit einem Anstauen der Ems. Das hat zu Auen geführt – und somit zu Lebensraum für Wasser- und Watvögel. Die insgesamt 20 künstlichen Teiche sind außerdem ein Zuhause für Frösche und Molche. Auch Libellen schätzen diese Lebenswelten. Damit die Tiere dort geschützt sind, umgibt ein bis zu 20 Meter breiter Graben das Biotop. Der Wanderweg, der am Parkplatz in Delbrück-Steinhorst startet, ist gute 5 Kilometer lang und führt über die Dammkrone. Er ist äußerst beliebt bei Läufern und Spaziergängern. Wer die eindrucksvolle Natur und die mitunter seltenen Tiere möglichst ungestört für sich haben möchte, wählt für den Besuch am besten einen Wochentag oder einen Tag mit nicht ganz so perfektem Wetter. Denn je weniger Menschen unterwegs sind, desto mehr hat man von den Tieren. Mit etwas Glück kann man dann sogar Rehe sehen.

- Steinhorster Becken, Wanderparkplatz Neubrückstraße, 33129 Steinhorst-Delbrück
- ÖPNV: Von Delbrück Bus D1, Haltestelle Steinhorst, Steinhorster Becken

www.paderborner-land.de

Bummel in der Geschichte

53 Mindens Fischerstadt und Patrizierhäuser

Gegen 800 wird Minden erstmals urkundlich erwähnt. 977 hatte die Stadt schon das Markt-, Münz- und Zollrecht. Grundlegende Voraussetzungen also für einen florierenden Handel und Wohlstand. Als die Stadt im Mittelalter Mitglied der Hanse wurde, kam das Stapelrecht dazu: Die Bürger hatten nun eine Art Vorkaufsrecht an den Waren auf den Schiffen, die auf der Weser an Minden vorbeifuhren. Ausgeübt wurde dieses Stapelrecht auf dem Markt und an der Schlagde, heute ein großer Parkplatz etwas außerhalb des Zentrums. Dort am Wasser wohnten alle, die von und mit dem Element lebten. Fischer und Schiffmüller beispielsweise. Darum heißt die einstige Vorstadt von Minden Fischerstadt. Ihr Alter sieht man ihr noch heute an: Gassen, die so schmal sind, dass ein durchschnittlicher Europäer fast rechts und links an den Hauswänden entlangschrammt, sind noch genauso erhalten wie die geduckten Fachwerkhäuschen mit den manchmal ungewohnt schräg stehenden Wänden. Eine nachgebaute historische Schiffsmühle liegt flussabwärts auf der gleichen Seite der Weser wie die Schlagde.

Von der Fischerstadt sind es nur wenige Schritte bis zum Dom und Marktplatz: Hier staunen Besucher über die prächtigen Hausgiebel und reich verzierten Bürger- und Patrizierhäuser im Stil der Weserrenaissance. Rund um den Markt lebten wohlhabende Kaufleute und Handwerker. Hier, in der Unterstadt, wurde gehandelt und verkauft. In die Oberstadt gelangt man über die Martinitreppe gegenüber dem Rathaus. Oben wird man vom Mindener Buttjer begrüßt, einem coolen Typen, dessen Figur für die Bewohner der Oberstadt steht. Die Buttjersprache ist vergleichbar mit dem in manchen Bevölkerungsgruppen gesprochenen Rotwelsch. Nicht alle verstehen diese Sprache, und so konnte sie als Geheimsprache eingesetzt werden. Denn in der Oberstadt war man gerne unter sich. Die Reichen am Marktplatz mussten schließlich nicht alles verstehen, was in den heute noch erhaltenen liebenswerten schmalen Straßen, kleinen Läden und Fachwerkhäusern hier oben gesprochen wurde.

TIPP
Das Mindener Wasserstraßenkreuz ist mit Bus 7 oder 508 etwa 25 Minuten vom Zentrum entfernt.

● Altes Rathaus, Markt 1, 32423 Minden
www.minden-erleben.de/tourismus/index.php/de
● ÖPNV: Ab Minden Bahnhof alle Busse, Haltestelle ZOB

Entdeckungen im Labyrinth

54 Ehemaliges Prämonstratenserkloster Clarholz

Wer von der Lindenstraße in Clarholz durch einen der schmalen Durchgänge auf die Kirche St. Laurentius zugeht, meint, in einer anderen Welt zu landen. Um die Kirche herum stehen geschichtsträchtige Häuser: die alte Schule, das Gasthaus Rugge, das Haus Samson. Letzteres war früher ein Kolonialwarenladen. Das Westwerk der Kirche stammt aus dem 12. Jahrhundert und ist somit eines der ältesten Gebäude im Kreis Gütersloh. Neugierige erfahren durch Informationstafeln rund um den Kirchplatz noch viel mehr über die Geschichte dieses Ortes. Den Zauber des Platzes kann man besonders gut bei einem Stück Kuchen auf der Terrasse des kleinen Eiscafés, aus dem Biergarten des Gasthauses heraus oder auf einer der vielen Bänke auf sich wirken lassen. Mit etwas Glück hört man sogar das sanfte Plätschern des Wassers im Marienbrunnen schräg gegenüber.

TIPP

Einen Kaffee oder Tee mit ins Labyrinth nehmen und damit dort die Stille genießen.

Wer sich seine Neugierde bewahrt hat, wird aber noch mehr auf dem Gelände des 1133 gegründeten Prämonstratenserstifts Clarholz entdecken können. Denn hinter der Kirche, vorbei an dem Modell der Klosteranlage, führt ein Tor auf den Hof vor dem ehemaligen Propsteigebäude von 1707. Das wuchtige rote Haus mit der Freitreppe, dem Sandsteinportal und dem Wappen des Erbauers beeindruckt auch noch heute. Rechts an ihm vorbei erreicht man den streng gegliederten Garten, der Anfang des Jahrtausends nach historischen Vorgaben neu angelegt wurde.

Dort ist fast etwas versteckt ein Labyrinth. Je nach Wegwahl öffnen sich den Gästen dort ganz unterschiedliche Naturräume. So findet man auf einer Seite zumindest im Sommer wohlriechende Blüten. Auf der anderen Seite öffnet sich ein Raum der Stille zwischen den grünen Wänden. Wer lieber etwas Bewegung möchte: Am Kloster Clarholz führt der etwa 23 Kilometer lange Kerkherrenweg vorbei. Der Rundweg verbindet die Pfarrkirchen in Beelen und Lette mit Clarholz und erinnert an die religiöse Verbundenheit der Orte im Mittelalter.

- Klosteranlage Clarholz, Propsteihof 9, 33442 Herzebrock-Clarholz
- ÖPNV: Vom Bahnhof Clarholz etwa 15 Minuten Fußweg

Kunstbank im Wald

55 Unterwegs im Katzenholz in Spenge

Fast meint man zu halluzinieren: Da steht mitten im Wald eine Bank, hellblau angemalt. Eine große goldgelbe Sonne ziert die Lehne. Und feine Äste mit zarten rosa Kirschblüten ziehen sich über die Leisten. Als ob das nicht erstaunlich genug wäre, findet man im sogenannten Katzenholz in Spenge noch andere wunderliche Dinge: Ein Baumstumpf, von dem ein freundliches Gesicht lächelt. Viele kleine Waldgeister auf Stämme gemalt und immer wieder Rätsel- und Lernaufgaben. Sie findet, wer mit offenen Augen durch den Wald geht, auf einer kurzen Runde von etwa eineinhalb Kilometern. Dazu folgt man der Ausschilderung A1 in den Wald hinein. Der Weg führt dann als schmaler Pfad rechts einen Hügel hinab und über eine kleine Brücke. Von hier ist man wieder auf dem Rückweg, der deutlich naturbelassener ist als der Hinweg.

Die waldpädagogischen Stationen und die Bank gehen auf den Verein Interessengemeinschaft Katzenholz zurück, der sich seit 60 Jahren um dieses Waldstück kümmert und früher zur Mühlenburg gehörte. Darum findet man hier auch ein Familiengrab der ehemaligen Burgbesitzer. Ziel der IG Katzenholz ist es, die Menschen für den Wald zu begeistern und insbesondere Kinder dazu zu motivieren, sich kreativ mit der Natur und ihren vielseitigen Wundern zu beschäftigen. Auf ihren Einsatz geht auch die Restaurierung des sogenannten Hühnerhauses zurück. Dort lebte früher ein Waldhüter, der darauf achtete, dass kein Holz aus dem Wald gestohlen wurde. Das Haus gehörte ebenfalls zur Mühlenburg und ist 1847 gebaut worden. Heute nutzt es die Interessengemeinschaft.

Die Kunstbank hat übrigens die Gesamtschule Spenge angestrichen, nachdem diese von der IG Katzenholz überarbeitet worden war. Für das Motiv haben sich die Kunstlehrerin und ihre Schüler entschieden, weil die Kirschblüte für die Schönheit des Lebens steht. Die Bank solle zum Nachdenken einladen, lautet ihre Botschaft. Zum Nachdenken über das Schöne im Leben und die Möglichkeiten, die die Natur bietet.

- Katzenholz, An der Allee, 32139 Spenge
- ÖPNV: Ab Herford ZOB Bus 466, Haltestelle Spenge ZOB, dann Bus 56, Haltestelle Spenge-Lenzinghausen (etwa 10 Minuten Fußweg)

Flair der Vergangenheit

56 Die historische Altstadt von Blomberg

Völlig unerwartet steht es hinter einer Kurve: das schmale Niederntor in Blomberg. Im Kreis Lippe ist es das einzige erhaltene Stadttor aus dem Mittelalter. Kaum ist man hindurch, taucht man in eine andere Zeit ein. Links hinter dem Tor führt die leicht zu übersehende Weinberggasse Besucher den Berg hinauf. Rechts und links stehen Fachwerkhäuser, viele davon sind liebevoll restauriert. Wer sich ab und zu umsieht, wird einen besonders schönen Blick über die Hausdächer bis zum Niederntor haben. Am Ende der Gasse müssen sich Spaziergänger zwischen zwei reizvollen Möglichkeiten entscheiden: Gehen sie weiter durch den Ort bis zur Burg? Oder folgen sie dem schmalen Weg außerhalb der Stadtmauer? Wer auf dem Weg außerhalb der Mauer geht, stößt immer wieder auf Sitzbänke, von denen aus man den Blick in das Tal und über das weite Land genießen kann. Auf Höhe der Burg kommt man zurück in den Ort. Für den besten Blick sollte man in dem kleinen Park gegenüber dem Parkplatz, der unterhalb der Burg liegt, die metallene Wendeltreppe nach oben steigen. Von hier oben sieht man bis zum Horizont, wo der Himmel mit dem Grün der Landschaft eins zu werden scheint.

Der Spaziergang kann dann weiter zum Rathaus mit seinen drei Giebeln führen. Es steht umgeben von gepflegten Häusern mit kleinen Läden im Zentrum der zwischen 1231 und 1255 gegründeten Stadt. Von dort schließt man die Runde zurück zum Niederntor über die Kuhstraße ab. Im Haus mit der Nummer 16 ist die Stadtbücherei untergebracht. Zu den Öffnungszeiten der Bücherei kann man die historische Schuhmacherwerkstatt des Heimatvereins Blomberg besichtigen, denn die Schuhmacherei war im 17. Jahrhundert ein wichtiger Wirtschaftszweig in der Stadt. Damals gab es hier mehr als 100 Schuhmachermeister. Vor dem Haus steht eine Skulptur des Künstlers Hans Jähne, die zeigt, wie die Schuhmacher mit ihren Waren auf dem Weg zu den Märkten im Umland waren. Das Haus wurde um 1763 von einem Schuhmachermeister gebaut und von Schuhmachern bewohnt.

● Niederntor, Langer Steinweg, 32825 Blomberg
www.blomberg-urlaub.de
● ÖPNV: Ab Detmold Bus 777, Haltestelle Blomberg Bahnhof
(etwa 5 Minuten Fußweg)

ANNO 16 06

360-Grad-Panorama

57

Auf der Burgruine Desenberg

Sie wussten mit Sicherheit schon Tage im Voraus, wer zu Besuch kam: die früheren Bewohner der Burg Desenberg. Denn von ihrem Burgturm, dem Bergfried, hat man heute noch einen Rundum-Panoramablick mit schier endloser Weite über die Warburger Börde. Wer diesen Blick genießen will, muss allerdings auch etwas dafür tun: Der Weg, der zur Burg hinaufführt, ist steil. Man kann ihn sich ein wenig verkürzen, indem man an der Infotafel am Parkplatz den QR-Code scannt und sich während des Aufstiegs die Sage vom tapferen Ritter von Spiegel erzählen lässt. Demnach hat ein junger Ritter mit einer List einen bösartigen Drachen bezwungen, der am Fuß des Desenbergs lebte. Als Dank dafür soll er von Karl dem Großen das umliegende Land geschenkt und eine Burg gebaut bekommen haben. So wurden nach der Sage die Herren Spiegel zum Desenberg Besitzer der Höhenburg. Sie steht übrigens auf dem Ausläufer des größten Schildvulkans in Mitteleuropa. Dieser wiederum ist der 100 Kilometer südlich gelegene Vogelsberg. Der Desenberg selbst ist aber nie ausgebrochen: Er entwickelte sich aus erstarrtem Magma im Erdmantel und ist ein sogenannter Basaltschlot. Seine auffällige Form legten Wind und Wetter im Laufe der Zeit frei: Wie ein Kegel überragt er heute die Warburger Börde um etwa 150 Meter. Somit ist er nicht zu übersehen. Dank des speziellen Bodens wachsen dort eher seltene Pflanzen wie Schwarzes Bilsenkraut oder die Schwarznessel. Der Desenberg ist Naturschutzgebiet, darum dürfen Spaziergänger die Wege nicht verlassen.

Eine frühe Befestigungsanlage soll es auf dem Desenberg schon 766 gegeben haben. Zwischen 1024 und 1192 wechselten die Besitzer häufig: Mal gehörte die Burg Heinrich dem Löwen, mal dem Erzbischof von Köln. 1256 waren dann die von Spiegels Besitzer der Burg. Ab 1555 zerfiel sie schließlich. Die restaurierte Ruine ist heute ein beliebtes Ausflugsziel. Auf dem Weg nach oben stehen immer wieder Sitzbänke, die zu erholsamen Ruhepausen mit Fernblick einladen.

TIPP

Die Sitzbänke eignen sich für eine Brotzeit – am besten Verpflegung mitbringen.

● Burg Desenberg, Parkplatz an der Desenbergstraße zwischen Warburg und Daseburg, 34414 Warburg
www.kulturland.org/Lieblingsplaetze/Burgen-Schloesser-Adelssitze/Burgruine-Desenberg

Frieden umarmen

58 Die Friedenseiche im Hövelhofer Wald

Man muss sie ein bisschen suchen, denn es zeigt kein Schild an, in welcher Richtung die Friedenseiche steht. Doch wer am Wanderparkplatz Bielefelder Straße/Von-der-Recke-Straße in Hövelhof im Kreis Paderborn parkt, erreicht sie in etwa 15 Minuten zu Fuß. Dazu folgt man am besten dem Wanderweg A 5 nach rechts, also nicht parallel der vielbefahrenen Bielefelder Straße. Im Hövelhofer Gemeindewald wachsen überwiegend Kiefern, Eichen und Birken. Falls man also vor lauter Bäumen die Eiche nicht findet: Eichen haben keine Kiefernnadeln und auch nicht den typisch weiß gefleckten Stamm der Birke. Außerdem fällt die gesuchte Eiche erstens dadurch auf, dass sie etwas freier steht als andere Bäume, denn an ihr stoßen zwei Wege aus unterschiedlichen Richtungen zusammen. Zweitens ist gegenüber dem Friedensbaum eine Picknickmöglichkeit, und links davon können Spaziergänger in einiger Entfernung das Forsthaus erkennen. Und drittens – dazu muss man den Kopf etwas heben – hängen dicke Holztafeln am noch dickeren Stamm, die die Geschichte des Baums erzählen. Auf der Rückseite sieht man am Baumstamm außerdem ein kleines Dreieck mit grünem Rahmen, auf dem „Naturdenkmal" steht. Den dicken Eichenstamm zu umarmen, schadet nicht – manche fühlen danach die Kraft und Energie des Baumes in sich.

Die Friedenseiche wurde 1871 von Joseph Hölscher gepflanzt, nachdem er aus dem Deutsch-Französischen Krieg zurückgekehrt war. Darum steht sie heute für die deutsch-französische Freundschaft und die seit 1971 bestehende Städtepartnerschaft zwischen Hövelhof und Verrières-le-Buisson. Hölscher hatte die Friedenseiche neben dem Forsthaus gepflanzt, seinem Elternhaus, das heute jedoch nicht mehr steht. Das neuere von 1936 ist aber in Sichtweite: Folgt man dem Wanderweg A 5 an der nächsten Kreuzung nach links, steht man nach wenigen Minuten davor. Der Wanderweg führt in einem großen Bogen und über teils geschichtsträchtige Wege durch den Wald wieder zurück zum Parkplatz.

- Friedenseiche, Parkplatz Von-der-Recke-Straße, 33161 Hövelhof
www.hoevelhof.de
- ÖPNV: Aus Paderborn mit RB 74, Bahnhof Hövelhof

NACH GLÜCKLICHER HEIMKEHR
AUS DEM KRIEGE 1870-71
WURDE DIESER BAUM ALS
FRIEDENSEICHE
VON JOS-HÖLSCHER VERPFLANZT
FÖRSTER v. 1870-1920
PFINGSTEN 1971.
100 JAHRE NACH PFLANZUNG DER
EICHE, SCHLOSSEN DIE GEMEINDEN
HÖVELHOF UND
VERRIERES-LE-BUISSON
EINEN
PARTNERSCHAFTSVERTRAG
PFINGSTEN 2021
50 JAHRE
FREUNDSCHAFT UND
VERBUNDENHEIT

Kaffee und Sonntagskuchen

59

Im Café Vogelnest in Gehlenbeck

Weiße Stühle und Tische, üppige Vorhänge, rosa geblümte Sitzkissen: Das Café Vogelnest in Gehlenbeck, nur wenige Meter vom Großen Torfmoor entfernt, ist eine Mischung aus skandinavischem Landhausstil und Puppenstube. Hier, im Erdgeschoss eines Wohnhauses mit Blick in das Grün der umliegenden Natur, hat sich Thomas Vogel seinen Traum erfüllt. Er hat lange als Handwerker gearbeitet, doch eigentlich wollte er immer ein eigenes Café oder Restaurant aufziehen, denn Vogel kocht seit vielen Jahren gut und gern. Als er endlich mehr Zeit hatte und die Wohnung im Erdgeschoss des Elternhauses seiner Frau Susanne leer stand, hat er die Chance ergriffen und umgebaut: Wände durchbrochen, neue und helle Fenster eingebaut, aus alten Balken Durchgänge geschaffen. Ein Traum ist wahr geworden: Das Café konnte eröffnen. Ein richtig heimeliges Nest – und in Kombination mit dem Nachnamen eben das Vogelnest. Seit 2017 wird Gästen hier am Wochenende Kaffee und Kuchen serviert.

Vorher musste Vogel aber noch backen lernen. Zu Beginn gab's speziell mit Käsekuchen mal ein Problem – doch mittlerweile gelingt ihm alles: Apfelkuchen, Mandarine-Schmand, Apfel-Vanille-Tarte mit Marzipanstreusel und natürlich auch der Käsekuchen. „Ich backe, was wir selbst gerne essen", erklärt Thomas Vogel sein Geschäftsprinzip. Und was die Natur an Zutaten gerade zur Verfügung stellt. Klar ist: Gibt es Erdbeer- oder Pflaumenkuchen, sind diese besonders schnell weg. Speziell die Pflaumen, aber auch Himbeeren pflückt er häufig direkt beim Bauern vor Ort. Was Vogel sonst noch für die Kuchen braucht, kauft er donnerstags ein, freitags und samstags backt er. Im Café helfen fünf Mitarbeiterinnen aus dem Ort aus. Die sind gut beschäftigt, denn obwohl Thomas und Susanne Vogel noch nie Werbung für ihr kleines Café geschaltet haben, hat sich schnell herumgesprochen, wo's am Wochenende lecker Kuchen wie zu Hause gibt. Frühstücken können Besucher im Café Vogelnest auch – allerdings nur, wenn sie sich vorher angemeldet haben.

TIPP

Den gemütlichen Sonntagskaffee mit einem Spaziergang im Großen Torfmoor verbinden.

- Café Vogelnest, Moordamm 6, 32312 Lübbecke-Gehlenbeck
www.cafe-vogelnest.de
- ÖPNV: Ab Lübbecke Bahnhof Bus 513, dann 581 bis Haltestelle Gehlenbeck Freibad

Genieße den Augenblick
Sweet
CUPCAKES
GOOD RECIPE

Lust auf ein Likörchen?

60

Im Eierlikörparadies in Herzebrock-Clarholz

Angefangen hat alles vor über 30 Jahren in der Küche der Oma: Sie stellte Eierlikör her und begeisterte damit ihre Nachbarn und Freunde. Aus dem Hobby wurde ein Beruf, der heute die Familie Heitmann in Herzebrock-Clarholz ernährt. Jan Heitmann, der Enkel der rührigen Oma, ist also die dritte Generation. Er ist 2019 in das Unternehmen eingestiegen, das heute 14 verschiedene Geschmacksrichtungen an Eierlikör herstellt. Darunter sind beispielsweise die Geschmacksnoten Kaffee oder Orange sowie eine besondere Auswahl an saisonalen Angeboten, aus denen die Kunden wählen können: Im Winter verwöhne man sich gern mit Spekulatius, Marzipan und Zimt, im Sommer mit Limette oder Erdbeere, sagt Heitmann. Außerdem bieten die Likörhersteller eine bei ihren Kunden im Norden beliebte Sanddorn-Variante an. Die Lieblingssorte im Eierlikörparadies ist und bleibt jedoch der klassische und pure Eierlikör. Alle Sorten gibt es in einer kleinen oder einer größeren Flasche. Vertrieben werden sie über den Einzelhandel und natürlich auf den Weihnachts- und Bauernmärkten in der Region. Viele der Kunden kommen aber am liebsten in den Hofladen der Heitmanns. Der Hof ist schon seit 1867 in Familienbesitz.

Früher hatte die Familie eigene Hühner, heute kaufen die Heitmanns die Eier ein. Die Eierlikörproduktion selbst läuft nach einem festen Zeitplan ab: Dienstags mischen die Heitmanns Eigelb mit Zucker und Alkohol. Auf den Etiketten wird außerdem Milch als Zutat ausgewiesen, die genaue Zusammensetzung bleibt allerdings ein Familiengeheimnis. Erhitzt wird der Eierlikör nicht, denn so bleibt er flüssig und behält sein volles Aroma. Mittwochs wird abgefüllt, am Donnerstag etikettiert. Und freitags ist der Eierlikör fertig. Dunkel und kühl gelagert ist der Eierlikör mindestens ein Jahr haltbar. Nur wenn er einmal geöffnet ist, dann sollte er schnell ausgetrunken werden, erklärt Jan Heitmann. Aber das ist sicher das geringste Problem.

Im Eierlikörparadies können Gruppen auch Verkostungen buchen.

TIPP

Das Eierlikörparadies hat auch einen Onlineshop. Gegen Vorkasse werden die Flaschen geliefert.

- Eierlikörparadies GmbH & Co. KG, Heitmannsweg 1, 33442 Herzebrock-Clarholz
www.heitmanns-eierlikoer.de
- ÖPNV: Ab Herzebrock Bahnhof Bus 78, 2, Haltestelle Boschstraße
(25 Minuten Fußweg)

Eierlikör Paradies
Erdbeer
Orange
Limette

Ausflug nach Japan

61

Sushi und Sashimi im Akaiten in Bad Salzuflen

Keisuke Irie kocht die japanische Bauernsuppe so, wie seine Mutter sie seit vielen Jahrzehnten zubereitet: Karotten, Miso, Kartoffeln, Tofu und Schweine- sowie Hühnchenfleisch werden zur Butajiru Miso vermischt. Die würzige Suppe wärmt an kalten Tagen und ist ein guter Einstieg für das, was der Küchenchef im Restaurant Akaiten in Bad Salzuflen in der Showküche zaubert: Beim Sushi oder Nigiri und Sashimi à la Chef bekommen die Gäste eine Auswahl von Lachs, Thunfisch, Dorade, Wolfsbarsch und Gelbschwanzmakrele. Wer einen Platz am Rand der Showküche ergattert, kann ihm staunend dabei zuschauen, wie er die Fische kunstfertig in feine Scheiben schneidet, Sushi rollt und mit der passenden Dekoration zu kleinen Kunstwerken verwandelt. Die Sojasoße dazu ist selbst gemacht, denn die, die man im Handel bekommt, verdeckt den Eigengeschmack der Fische zu sehr. Sashimi und Sushi werden im Akaiten zusätzlich zu den üblichen Ingwerscheiben und der grünen Wasabi-Paste mit Wasabi-Pickles serviert. Keisuke Irie rät dazu, Wasabi nicht wie in Deutschland üblich mit der Sojasoße zu vermischen, sondern direkt auf Nigiri und Sushi aufzutragen. Um den authentischen Geschmack Japans zu entdecken, ist das Akaiten ein guter Ort.

TIPP

Einen Platz an der Showküche reservieren, um zu sehen, wie das Essen zubereitet wird.

Auch Inside Out Rolls macht Irie. Sie sind eigentlich die US-amerikanische Version von Sushi, Irie lässt es sich aber nicht nehmen, sie im Stil der Nikkei-Küche zuzubereiten. Sie ist eine Mischung aus peruanischen und japanischen Geschmäckern und derzeit in vielen europäischen Großstädten beliebt. Wer keinen rohen Fisch mag, kann auch Tonkatsu bestellen, die japanische Version des Wiener Schnitzels, oder Saikyoyaki, marinierten und gegrillten Fisch. Das Akaiten, mit seinen großformatigen japanischen Motiven vom Hamburger Künstler Elmar Lause in dunklem Rot und Blau gestaltet, hat 2021 eröffnet. Bodenständiger isst man im The Pharmacy nebenan. Das Restaurant hat sich seit vielen Jahren mit den dort gern gegessenen Steaks einen Platz in Restaurantführern gesichert.

- Restaurant Akaiten, Mauerstraße 1–5, 32105 Bad Salzuflen
www.hotel-lippischer-hof.de/gastronomie/akaiten
- ÖPNV: Vom Bahnhof Bad Salzuflen etwa 10 Minuten Fußweg

Voll Dankbarkeit

62

In der Lourdes-Grotte von Borgentreich

Rote Opferkerzen, Blumen und sehr viele Schilder: „Wir danken dir für deine Hilfe", „Dir sei ewig Dank", „Dank für die wunderbare Hilfe bei einer Schwerkranken". Man muss nicht gläubig sein, um an diesem Ort den besonderen Geist zu spüren. Kaum hat man das metallene Gitter zur Nachbildung der Lourdes-Grotte in Borgentreich passiert und wandelt zwischen den Felshöhlen mit den Statuen der Heiligen Bernadette, dem Heiligen Bernardus oder eben der Heiligen Maria, ist man in eine andere Welt eingetaucht. Hier, etwas versteckt an einer schmalen Landstraße im Kreis Höxter, kommen im steten Fluss Besucher an. Sie legen Blumen ab, zünden eine Kerze an oder halten einfach auf einer der Bänke einen Moment inne.

Borgentreich verdankt diesen Ort der Schwester des ehemaligen Schulleiters Heinrich Fiorentini. Denn Maria Fiorentini kam nach einer Fahrt zur Original-Grotte in Lourdes im Jahr 1900 so begeistert zurück, dass sie die Nachbarn dafür gewinnen konnte, die Erscheinungsgrotte nachzubauen. Diese wurde schon 1902 im ehemaligen Steinbruch von Borgentreich eingeweiht. Die erste kirchliche Andacht gab es allerdings erst 40 Jahre später. Fast genauso lange hat es nochmals gedauert, bis schließlich Papst Johannes Paul I. der Grotte den besonderen Segen „Verehrer der Gottesmutter von Lourdes in Borgentreich" verlieh. Heute steht die Grotte unter Denkmalschutz. Besonders an den Wochenenden und im Marienmonat Mai kann es dort voll werden.

TIPP

Eine Dankeskerze einpacken und anzünden. Es gibt immer einen Grund, Dank zu sagen.

Die Lourdes-Grotte im Südwesten Frankreichs wurde berühmt durch die Heilkräfte des dortigen Quellwassers. Über 30.000 Heilungen soll es dort seit den ersten Marienerscheinungen 1858 gegeben haben, dokumentiert wurden jedoch deutlich weniger, 70 hat die Kirche anerkannt. Dort, wo die Marienerscheinungen gesehen wurden, hat man eine Kirche gebaut. Seither ist Lourdes der wichtigste Marienwallfahrtsort der Welt. Wem es bis nach Lourdes zu weit ist, der fährt nach Borgentreich. Die Lourdes-Grotte dort gilt als die größte in Westfalen.

- Lourdes-Grotte, über „Alter Graben" – am Ende, 34434 Borgentreich
www.pastoralverbund-borgentreicher-land.de
- ÖPNV: Ab Warburg Bus R 35, Haltestelle Borgentreich, Mühlenstraße

Du Heil der Kranken

Ausgezeichnet erklärt

63 LWL-Landesmuseum für Klosterkultur in Dalheim

Schafstall, Meierei, Schmiede und Mühle: Klöster waren nicht nur Orte des Glaubens, sondern oft auch wirtschaftlich autark. So galt das Kloster Dalheim um 1500 als wirtschaftliches Zentrum im südlichen Paderborner Land. 25 Chorherren und 100 Laienbrüder lebten damals dort. Die Laienbrüder übernahmen in der Regel Arbeiten auf dem Feld oder in den Ställen und waren auch als Handwerker tätig. Wer hinter der über 1000 Meter langen Klostermauer durch die Anlage und an den mächtigen Wirtschaftsgebäuden vorbeispaziert, fühlt sich noch heute so, als ob er durch ein eigenständiges Dorf gehen würde. Das Herzstück im Kloster Dalheim ist jedoch natürlich die Klausur. Dort, wo sich früher nur die Ordensleute aufhalten durften, befinden sich der spätmittelalterliche Kreuzgang und die Klosterkirche sowie alle anderen Räume, die für das klösterliche Leben wichtig waren. Sie sind hinter schweren Türen versteckt, die vom Kreuzgang abgehen. Da ist beispielsweise das Scriptorium, die Schreibstube, in der Besucher lernen können, wie aufwändig es früher war, ein Buch zu schreiben – ohne Computer, gar ohne Stift, wie wir ihn heute kennen. Daneben liegt das Calefactorium, die Wärmestube. In der Regel durften sich die Ordensmitglieder dort einmal am Tag eine Stunde lang aufwärmen. Ähnlich starre Regeln gab es auch fürs Sprechen, fürs Beten und fürs Schlafen. Erklärt wird das Klosterleben mithilfe moderner Technik: An Multimediaterminals können Besucher tief in die Geschichte eintauchen. Außerdem arbeitet das Museum viel mit Anmutungen: Ein exemplarisches Bett zeigt, wie der Schlafsaal ausgesehen haben könnte, eine Auswahl schöner alter Bücher an der Wand steht stellvertretend für die Bibliothek. So wird das Kopfkino angeregt, das nicht nur Informationen vermittelt, sondern auch inspiriert. Dass das gut funktioniert, zeigen die Auszeichnungen, die die Dauerausstellung bereits bekommen hat. Dazu gehört unter anderem der Red Dot Design Award.

TIPP

Im schönen Klosterladen außerhalb der Mauer Tee, Spirituosen oder Kosmetik einkaufen.

● Stiftung Kloster Dalheim, LWL-Landesmuseum für Klosterkultur, Am Kloster 9, 33165 Lichtenau-Dalheim
www.lwl.org/LWL/Kultur/kloster-dalheim

Im Märchenland

64 Im Deutschen Märchenmuseum in Bad Oeynhausen

Ein Drache begrüßt die Gäste vom Balkon aus. Lang streckt er seinen grünen Hals Richtung Eingang, vermutlich, um die Besucher des Deutschen Märchen- und Wesersagenmuseums im Blick zu behalten. Das Haus hat schon von außen etwas Sagenhaftes: Weiße Säulen tragen den Balkon, die Fensterrahmen sind reich verziert, die Andeutung eines Turms schließt das Haus nach rechts ab. Innen wirkt das Museum dagegen an vielen Stellen eher nüchtern. Trotzdem können sich Besucher dort verlieren – wenn sie sich auf die Ausstellung einlassen, die sich keineswegs nur an Kinder richtet, sondern auch Erwachsene in eine andere Welt versetzt.

In die Märchen eintauchen können Gäste beim Blick in die Dioramen. Ein Diorama ist ein Schaukasten, in dem Szenen vor bemalten Hintergründen dargestellt werden. So scheint man hinter einem Baum stehend den Froschkönig dabei zu belauschen, wie er der Prinzessin sein Leid klagt. Und an Schneewittchen und den Zwergen ist man so nah dran, dass man am liebsten mittanzen möchte. Zeit sollte man sich auf jeden Fall für die Märchenleporellos von Warja Lavater nehmen. Die Schweizer Grafikerin erzählte beispielsweise Dornröschen, aber auch andere Märchen mit abstrakten gemalten Figuren und komplett ohne Worte. Sie zu entschlüsseln ist fast, als wolle man eine Geheimsprache dechiffrieren. Je mehr man versteht, desto größer ist die Freude. Große literarische Kunst gibt es im Erzählraum: Dort liegen Rotkäppchen-Variationen aus. Es braucht seine Zeit, sie zu lesen. Aber es ist spannend und unterhaltsam, wie das Märchen um das kleine Mädchen mit der roten Mütze, der Oma und dem Wolf auf Amtsdeutsch oder Anglodeutsch klingen würde. Im Flur begegnen Besucher dann der für den Teutoburger Wald wichtigen Sagengestalt Widukind. Er stammte aus einem westfälischen Adelsgeschlecht und führte als Herzog der Sachsen den Widerstand gegen Karl den Großen an. Im Obergeschoss finden Märchenerzähl-Stunden und Lesungen statt.

TIPP

Wenn's zeitlich passt, im Restaurant Leander im Kurpark nebenan einkehren.

- Deutsches Märchen- und Wesersagenmuseum, Am Kurpark 3, 32545 Bad Oeynhausen, www.badoeynhausen.de
- ÖPNV: Vom Bahnhof Bad Oeynhausen 5 Minuten Fußweg

Rotkäppchen
Rotkäppchen
ROTKÄPPCHEN
MÄRCHENPOSTKARTE

Im Lebkuchenparadies

65

Bei Heinrich Schulze in Borgholzhausen

Wer an Weihnachten besonders die süßen Leckereien rund ums Fest liebt, ist im Heinrich Schulze Ladencafé in Borgholzhausen am richtigen Ort. Denn dort gibt es Lebkuchen in vielen Varianten – und das das ganze Jahr über. Beim Spaziergang durch den Verkaufsraum mit den vielen Holzregalen hat man die Wahl zwischen bis zu 50 Gebäck- und Lebkuchenspezialitäten: Ob Magenbrot, Honigkuchen, Piumer Printen, Pfeffernüsse, Dominosteine oder Kirschbomben – Ganzjahreslebkuchenfanatiker werden sich im Schlaraffenland wähnen. Sparfüchse entscheiden sich gern für die besonders günstige Bruchware. Neben den handelsüblichen Packungsgrößen gibt es auch die sogenannte Deele, in der sich Naschkatzen die großen Portionen als Boxen- und Eimerware kaufen können. Und wer seinen Liebsten eine ganz persönliche Botschaft übermitteln will, kann ein Lebkuchenherz individuell gestalten. Die Herzen gibt es in verschiedenen Größen, der Guss am Rand kann zweifarbig sein – und die Kundschaft hat die Wahl zwischen viel Deko oder viel Text. Wer nicht für ein Lebkuchenherz nach Borgholzhausen fahren möchte, kann es über den Konfigurator im Internet bestellen.

TIPP

Wenn Borgholzhausen zu weit weg und der Hunger auf Lebkuchen groß ist: online bestellen.

Das Unternehmen gibt es seit 1830. Der Gründer Johann Heinrich Schulze spezialisierte sich im Laufe der Jahre auf Lebkuchen. Seine Backwaren brachte er als Wanderverkäufer beispielsweise auf Jahrmärkten zu seinen Kunden. 1870 trat der Geselle Carl Knaust in den Betrieb ein. Von einer Reise nach Amerika brachte er Rezepte mit, die noch heute Grundlage für die Schulzeschen Produkte sind. Knaust heiratete die Firmenerbin Alma Schulze und machte aus der Backstube eine richtige Fabrik. Über die Jahre und Generationen wuchs der Betrieb. Heute ist mit Arne und Birte Knaust die sechste Generation von Lebkuchenspezialisten am Werk. Das Haus in der Freistraße, in dem der Laden und das Café untergebracht sind, ist seit 1848 das Stammhaus des Familienunternehmens. Es wurde seither allerdings mehrfach vergrößert und renoviert.

- Heinrich Schulze Ladencafé GmbH, Freistraße 23, 33829 Borgholzhausen www.schulze-ladencafe.de
- ÖPNV: Ab Borgholzhausen Bahnhof Bus 90, Haltestelle Borgholzhausen, Klingenhagen

Jch hab
Dich
lieb

Kaffeeklatsch in der Burg

66

Werburg-Museum in Spenge

Auf einem Sofa von 1870 sitzen und dabei leckeren, selbst gebackenen Kuchen essen? Das kann man im Café des Werburg-Museums in Spenge. Dabei sollte bis vor etwa 30 Jahren das Herrenhaus auf dem Gelände abgerissen werden, doch dann hat man bei Ausgrabungen zufällig Glas- und Tonscherben gefunden, die sehr alt waren. Anlass genug, genauer hinzuschauen: Bei weiteren Ausgrabungen wuchs der Schatz auf 50 Kanonenkugeln aus Stein, vier aus Eisen und rund 1600 Armbrustbolzenspitzen an – der wohl größte Munitionsfund aus der Renaissance in Westfalen. Der Verein Werburg Spenge suchte darum nach Fördermöglichkeiten und sammelte Geld. Viel Geld: 1,3 Millionen Euro für die Sanierung des Herrenhauses und den Aufbau des heutigen Werburg-Museums. Um diese Summe zusammenzutragen, konnten Werburg-Begeisterte gegen eine finanzielle Beteiligung auch Paten historischer Türen und Treppenstufen im heutigen Museum werden. 2016 schließlich war es so weit: Das Museum mit seinen interaktiven Stationen öffnete seine Türen als Ort, in dem Geschichte erlebbar und Alltagsabenteuer möglich sind.

Rund 220 Mitglieder hat der Verein Werburg Spenge derzeit. Sie kümmern sich ehrenamtlich um das Museum und das Café und backen im Wechsel die Kuchen, die dort verkauft werden. Den schönsten Platz für Kaffee und Kuchen hat man, wenn man durch das Café hindurchgeht und eine steile Holztreppe hochsteigt: Dort ist ein kleiner Raum mit historischen Sesseln und einem Sofa, eine Spende einer Polstermöbelfabrik. Natürlich sind die Sitzmöbel neu aufgepolstert und bezogen. Wer sich hier zum Kaffeetrinken setzen möchte, tut dies am besten vor dem Museumsbesuch, denn danach kann der Lieblingsplatz vieler Gäste bereits besetzt sein. Also, erst die Stärkung, dann ab in die Ausstellung. Dort kann man unter anderem spielerisch die Arbeit von Archäologen kennenlernen: Gegenstände ausbuddeln und mithilfe eines Computersystems bestimmen und magazinieren.

TIPP

In der Werburg kann man auch Armbrustschießen. Ein Kurs muss vorher gebucht werden.

- Werburg-Museum Spenge, Werburg 1, 32139 Spenge
www.werburg-museum-spenge.de
- ÖPNV: Vom ZOB Spenge etwa 14 Minuten Fußweg

Wie gemalt

67 Ehemalige Künstlerkolonie Schwalenberg

Ein schönes Fachwerkhaus reiht sich an das nächste – und alle sind top gepflegt. So präsentiert sich Schwalenbergs historisches Zentrum seinen Besuchern. Der Ort ist ein Teil von Schieder-Schwalenberg, die als Bindestrichstadt 1970 entstand. Schwalenberg selbst wurde erstmals 1127 erwähnt. Die ältesten noch erhaltenen Fachwerkhäuser sind aus dem 16. Jahrhundert. Der Ort schmiegt sich an den Burgberg, auf dem die Schwalenburg steht. Von der Straße In der Tränke führt der Weg Am Burgberg nach oben. Er stößt auf einen schmalen Weg außerhalb der Burgmauern – von hier aus hat man einen malerischen Blick auf den tieferliegenden Ort mit der Kirche und den hübschen Häusern, den sogenannten Grafenblick. Hier oben bieten Sitzbänke Gelegenheit, diese Aussicht in Ruhe zu genießen. Nicht weit entfernt stand außerdem die über 500 Jahre alte sogenannte Malereiche. Leider wurde sie durch ein Missverständnis 2004 gefällt, doch ein in den Stumpf gepflanzter neuer Baum wächst dort schon heran. Der Blick auf den Ort ist von diesem Punkt unverändert schön geblieben. Allerdings sollte man es nicht bei diesen Fernblicken belassen, denn Schwalenberg ist auch aus der Nähe eine Freude. Die Schönheit der Region haben im 19. Jahrhundert schon impressionistische Landschafts- und Freilichtmaler erkannt. Ihnen gefiel die umliegende Landschaft, und sie waren begeistert von den Lichtverhältnissen. So wurde Schwalenberg eine Künstlerkolonie. Bis heute hat sich davon etwas gehalten: Es gibt ein Hotel mit dem Namen „Schwalenberger Malkasten" und die Galerie im Robert-Koepke-Haus. Der Maler, nach dem das Haus benannt ist, war 1927 erstmals in Schwalenberg, danach regelmäßig im Frühling und Herbst. Er traf sich damals mit seinen Kollegen in der Künstlerklause. Das ehemalige Gasthaus steht heute noch, die Fassade wurde restauriert, allerdings ist dort kein Künstlertreff mehr. Dafür treffen sich Kunstinteressierte in der Galerie im Haus Bachrach, wo der Kunstverein Schieder-Schwalenberg Ausstellungen organisiert.

TIPP

Nachmittags hat man die besten Chancen, ein geöffnetes Café zu finden.

● Schwalenberg, Marktstraße, 32816 Schieder-Schwalenberg
https://tourismus.schieder-schwalenberg.de

1231
VOLK-
WIN III
DIES·WASSER·DAS·GRUBEN·DER·MÄNNER·ZWEI
UND·WURDEN·DAFÜR·IHRER·KETTEN·FREI
IN·GRAUER·VORZEIT·TAGEN
DIE·MÄNNER·SIND·TOT·DAS·WASSER·STIRBT·NIE
SPRINGT·MUNTER·VOM·BERGE·HEUTE·HOCH·WIE
IN·GRAUER·VORZEIT·TAGEN

Wisente und Wildschweine

68

Im Wisentgehege in Hardehausen

Fast sieht es so aus, als ob ihre dünnen Beine unter der Last der wuchtigen, bis zu 1000 Kilogramm schweren Körper zusammenbrechen wollten. Ist das der Grund, warum die Wisente im Gehege in Hardehausen bei Warburg häufig so langsam und fast zögerlich über die Wiese stapfen? Oft stehen oder liegen sie auch nur in Gruppen zusammen, und jedes Kopfdrehen scheint zu viel Anstrengung zu sein. Doch der Schein trügt: Wisente können bis zu 60 Stundenkilometer schnell rennen und Hindernisse überwinden, die 2 Meter hoch oder 4 Meter breit sind. Man sollte also durchaus Respekt vor den imposanten Tieren haben, die eine große Gelassenheit und Eleganz ausstrahlen. Wisente sind Vegetarier, sie bevorzugen Gräser, Blätter, Kräuter und Rinde. Das allerdings in enormen Mengen: Ein ausgewachsenes Wisent frisst pro Tag etwa 40 Kilogramm Pflanzen und 4 Kilogramm holzige Nahrung, also beispielsweise Rinde von Bäumen. Die Tiere kann man gut vom Zaun des Geheges aus beobachten. Noch besser geht das von einem 12 Meter hohen Holzturm in Form einer Doppelhelix. Der Turm wurde zum 50. Geburtstag des Geheges im Jahr 2008 aufgestellt. Das Wisentgehege im Kreis Höxter gibt es bereits seit 1958. Sein Ziel: Die Tiere vor dem Aussterben zu bewahren. 1924 gab es nämlich nur noch 53 Flachlandwisente und einen Bergwisentbullen aus gesicherter Herkunft. Heute sind es weltweit wieder etwa 9000.
Der Besuch bei den Wisenten lässt sich mit einer Spazierrunde um den See in Hardehausen verbinden. Auf der Strecke kommt man auch an Wildpferden vorbei, den Tarpanen. Außerdem ist hier ein Wildschweingehege. Auch diese Tiere sind groß und schwer – an die Wisente kommen sie jedoch mit nur bis zu 200 Kilogramm Gewicht nicht heran. Trotzdem sind auch sie erstaunlich schnell. Während der Paarungszeit gibt es Rangkämpfe, die Besucher von der anderen Seite des Zauns aus ungefährdet beobachten können. Im Wisentgehege gibt es auch das scheuere Rotwild und Weiße Rotwild. Letzteres gilt als Seltenheit.

● Wisentgehege, Parkplatz Hardehausener Straße, 34414 Warburg

Ruhe und Entspannung

69 Im Kurpark in Bad Holzhausen

Dort, wo der nördliche Teutoburger Wald auf das Wiehengebirge stößt, liegt Bad Holzhausen. In dem Stadtteil von Preußisch Oldendorf scheint im Kurpark die Zeit zurückgedreht worden zu sein: Das ehemalige Rittergut Holzhausen von 1558 mit den grünen Holzfensterläden und der gleichfarbigen Tür sieht gemütlich und gleichzeitig repräsentativ aus. Es ist heute Haus des Gastes. Nur wenige Meter entfernt steht die historische Gutswassermühle, die schon 1529 erstmals urkundlich erwähnt wurde. In den Sommermonaten können Besucher sie an Sonntagnachmittagen besichtigen. Der harmonische Eindruck des historischen Kurparks wird abgerundet durch Holzbrücken mit weißen Geländern, die über die Bäche im Park führen. Dort stehen teils exotische Bäume: Die Sumpfzypresse beispielsweise kommt eigentlich aus den Everglades in Florida, der Flamingo-Eschenahorn und der Amberbaum stammen aus dem nördlicheren Amerika. Viel Grün also, das dazu einlädt, innezuhalten und Ruhe zu genießen. Wem das zu wenig ist: Links vom Haus des Gastes ist ein Outdoor-Fitness-Park. Dort gibt es unter anderem Stationen, um die Schultern und den Rücken zu trainieren, sowie Massagegeräte für die Hände, Arme und Beine. Außerdem ist dort ein Wassertretbecken für alle, die das Herz-Kreislauf-System stärken wollen. Der Kurpark Bad Holzhausen ist darüber hinaus der Ausgangspunkt für zwei von vier Wanderrouten, die die Sinne ansprechen und für ein Mehr an Entspannung sorgen sollen. Die sogenannte VitalWanderWelt ist mit einem weißen V auf rotem, blauem, grünem oder orangefarbenem Hintergrund ausgeschildert. Die Rundwanderwege sind zwischen 3 und 6 Kilometer lang und auf jeder Strecke gibt es drei Stationen, die den Wandernden helfen, sich zu entspannen, zu reflektieren oder sich in Achtsamkeit zu üben. Im Kurpark in Bad Holzhausen starten der rote und der grüne Weg. Der rote richtet sich an alle diejenigen, die etwas gegen Stress und Erschöpfung unternehmen wollen, der grüne verspricht Tinnitus-Geplagten Erleichterung.

TIPP

An der Heddinghauser Straße gibt es hinter dem Park im Landhaus Röscher am Wochenende Kaffee.

- Kurpark Bad Holzhausen, Hudenbeck 2, 32361 Preußisch Oldendorf https://tourismus.preussischoldendorf.de
- ÖPNV: Ab Lübbecke Bus 513, Haltestelle Preußisch Oldendorf-Holzhausen, Auebrücke

Eine 1000-Jährige im Wald

70 Die Eiche in Schloß Holte am Ölbach

Als Lemgo und Rheda gegründet wurden und Bielefeld Stadtrechte bekam, da stand sie vermutlich schon, die 1000-jährige Eiche im Holter Wald in Schloß Holte-Stukenbrock. Raubritter und Fürsten könnten an ihr vorbeigezogen sein, Hexenjäger und Reformatoren. Sie hat den 30-jährigen Krieg, den Ersten und den Zweiten Weltkrieg überstanden. Doch dass die 1000 Jahre, die man ihr zuschreibt, nicht immer einfach waren, sieht man ihr an. Denn die Eiche, die einen Umfang von über 8 Metern hat, ist innen hohl. Dass sie trotzdem noch steht, hat gute Gründe: Man hat ihr mehrmals den Stamm beziehungsweise die Krone gestutzt, um sie leichter zu machen. Trotzdem treibt sie weiterhin unbeirrt jedes Jahr aus.

Mit ihrem Stand nahe am friedlich vorbeiplätschernden Ölbach und nicht weit vom Schloss Holte ist sie heute noch ein beliebtes Ausflugsziel. In ihrem Schatten picknicken Familien an Sonntagen – und das seit Jahrzehnten. Ihre mit Metallgitter verschlossenen Öffnungen sind in der jüngsten Zeit besonders bei Liebespaaren angesagt: Sie hängen dort zum Zeichen ihrer Zuneigung Liebesschlösser mit eingravierten Namen und Daten auf, auf dass ihre Gefühle ähnlich lang halten mögen, wie diese Eiche hier im Wald steht. Auf dem Waldboden, einige Meter entfernt, ist außerdem ein Fotospot gekennzeichnet: Von dort lassen sich besonders gute Selfies mit dem legendären Baum machen.

Über den Ölbach führt ein Baumstamm. Auf ihm kann man im Sommer sitzen und die Füße ins kühle Wasser baumeln lassen. Im Herbst bietet der Platz einen wahren Farbenzauber für die Augen: Grün und gelb hängen noch Blätter an den Ästen der umstehenden Bäume, rotbraun schimmert das Laub, das bereits zu Boden gefallen ist. Warm eingepackt und mit einer Tasse Tee in der Thermoskanne ist das ein wunderbarer Ort für eine Meditation im Freien. Wer lieber in Bewegung ist, geht nach dem Besuch der 1000-jährigen Eiche im Holter Wald spazieren oder rund um Schloss Holte, um sich an dessen Spiegelung im umfließenden Wasser zu erfreuen.

- 1000-jährige Eiche, Verler Landstraße, nahe der Schlossstraße, 33758 Schloß Holte-Stukenbrock
- ÖPNV: Ab Bahnhof Schloß Holte Bus 83, Haltestelle Schloß Holte, Schloßkrug

Rätselhafte Steinfelsen

71

Die Externsteine in Horn-Bad Meinberg

Der Fußweg vom Parkplatz durch den Wald zieht sich ein bisschen. Aber dann, recht plötzlich, steht man vor ihnen: Bis zu 40 Meter ragen die Sandsteinfelsen am Hermannsweg bei Horn-Bad Meinberg in die Höhe. Bizarr sehen sie aus, sagen die einen, die anderen vergleichen sie mit einer Reihe unregelmäßiger Zähne. Das Besondere an dieser schroffen Felsformation ist aber, dass man sie nicht nur angucken, sondern auch besteigen kann. Zwei Treppen mit teils unregelmäßigen und hohen Stufen, ursprünglich aus dem 19. Jahrhundert, führen hinauf. Ein eher filigraner Metallhandlauf kann eine Hilfe beim Aufstieg sein, Schwindelfreiheit ist sicher auch nützlich. Ein Höhepunkt im wahrsten Sinne des Wortes ist die steile, geschwungene Brücke, die zwei der Felsen miteinander verbindet. Der Blick von oben auf die Wiembecke, die sich am Fuß der Externsteine zum Oberen Teich sammelt, und auf den angrenzenden Wald ist ein Genuss für die Augen.

Wer mit möglicherweise zittrigen Knien nach dem Auf- und Abstieg wieder unten ankommt, sollte sich Zeit nehmen, um das Kreuzabnahmerelief anzusehen. Es soll von etwa 1150 und eines der bedeutendsten Kunstwerke dieser Art in Nordwesteuropa sein. Nachdem man die Steine aus der Nähe betrachtet hat, lohnt es sich, die Perspektive auf die sakrale Stätte mitten im Wald zu verändern. Genau gegenüber den Steinen steht eine Sitzbank. Von hier kann man die gesamte Breite der Steine bewundern und man sieht besonders gut, wie sich die Brücke von einem zum anderen Felsen spannt. Außerdem ist die Sicht vom gegenüberliegenden Teichufer schön: Dort hat man einen eher seitlichen Blick auf die mächtigen und bizarr geformten Steine. Im Infozentrum zu den Externsteinen am Parkplatz erfahren Besucher Wissenswertes rund um die kulturgeschichtlichen und naturkundlichen Forschungen zu den Sandsteinfelsen. In der Umgebung der Externsteine verlaufen überdies einige Wanderwege. Dort lässt sich der Besuch dieser einmaligen Sehenswürdigkeit zu einem Tagesausflug ausdehnen.

TIPP

Möglichst bei den ersten Besuchern des Tages sein. Dann hat man die Steine oft noch für sich.

- Externsteine, Externsteiner Straße 33, 32805 Horn-Bad Meinberg
  www.externsteine-info.de
- ÖPNV: Im Sommer am Wochenende Touristiklinie 792 ab Detmold

Wo das Eckmänneken wacht

72

Spaziergang durch Warburg

Kein Zweifel: Die Stars in Warburg sind etwas hölzern. Die beiden Figuren schmücken eine Ecke an einem Fachwerkhaus am Altstädter Marktplatz, das ihnen auch seinen Namen verdankt. Nun gibt es im Teutoburger Wald viele schöne Fachwerkgebäude. Was dieses Haus aber besonders macht: Es gilt als das älteste Fachwerkhaus in Westfalen mit datierter Inschrift und ist darum ein Kulturdenkmal. Ab etwa 1560 wurde das Haus von 1471 von der Bäckergilde als Amtshaus genutzt, heute ist dort ein Restaurant.

Doch wer nach dem Besuch des sogenannten Eckmänneken direkt weiterfährt, hat in Warburg noch lange nicht alles gesehen. Die Altstadt ist nämlich bekannt für ihr romantisches Straßenbild. Da sie sich an einen Berg schmiegt, hat man von vielen Punkten einen besonders schönen Blick über den Ort, die aneinandergeschmiegten Fachwerkhäuser und Dächer der Stadt. Bei einem Spaziergang kann man diese Ansichten in Ruhe genießen. Beispielsweise gibt es an der Straße „An der Burg“ die sogenannte Fügeler-Kanone, von der aus man die Stadt überschauen kann. Besonders schön ist auch der Blick durch das spitz zulaufende Tor am Sackturm in die gleichnamige Straße. Dieser Turm ist aus dem 14. Jahrhundert und somit sogar noch älter als das Eckmänneken. Und natürlich lohnt sich der Aufstieg zum Brüderkirchhof – schon allein des Blicks wegen. Dort ist auch das „Rathaus zwischen den Städten“. Sein Name erklärt sich aus der Geschichte: Warburg bestand einst aus zwei selbstständigen Städten, der Alt- und der Neustadt. 1436 vereinten sich die beiden. Erst 1568 wurde ein gemeinsames Rathaus gebaut. Damit beide Stadtteile einen gleichberechtigten Zugang hatten, baute man es eben zwischen den Städten. Die Arkadenhalle im Erdgeschoss war sehr lange der einzige Verbindungsweg zwischen den Stadtteilen. Beim Bummel durch die Straßen mit Kopfsteinpflaster zurück zum Altstädter Marktplatz kommt man an vielen schmucken Fachwerkhäusern und Häusern mit Treppengiebeln vorbei.

- Eckmänneken, Lange Straße 2, 34414 Warburg
  www.warburg-touristik.de
- ÖPNV: Ab Warburg Bahnhof Bus W 4, Haltestelle Desenberggasse
  (etwa 11 Minuten Fußweg)

Liebe zur roten Erde

73

Im Museum Peter August Böckstiegel in Arrode

Das rote Haus mit den gelben Stühlen davor und den vielen Schnitzereien in den Balken ist zum Schockverlieben. Hier wurde der Maler Peter August Böckstiegel 1889 als Bauernsohn geboren. Und hierhin kehrte er zurück, nachdem er 1945 in Dresden ausgebombt worden war. Er wohnte bis zu seinem Tod 1951 in seinem Elternhaus. „Künstlerhaus" wird das bunte Häuschen, das geduckt zwischen Wald und Obstwiesenhängen liegt, darum genannt. Der Großteil der Kunst ist jedoch gegenüber zu sehen – in einem modernen Bau, der zunächst nicht so recht in dieses ländliche Idyll zu passen scheint. Hier werden immer wieder Vertreter der Klassischen Moderne in Wechselausstellungen gezeigt. Die Entscheidung für dieses reduzierte Gebäude war allerdings goldrichtig, denn in seiner puristischen Gestaltung nimmt es dem denkmalgeschützten Künstlerhaus nichts von seinem Flair.

Peter August Böckstiegel war ein großer Verehrer von Vincent van Gogh. Das zeigt sich an vielen Motiven und ganz besonders am pastosen Malstil. Van Gogh zu Ehren hat er seinen Sohn nach dem niederländischen Maler Vincent genannt. Wer die Werke Peter August Böckstiegels verstehen will, sollte sich Zeit für den Museumsbesuch nehmen. Das gilt speziell, wenn man das rote Künstlerhaus von innen sehen will, was nur mit einer Führung möglich ist. In dieser Zeit bekommen die Besucher auch eine Einführung in die Werke des Expressionisten und lernen dabei unter anderem, welche Rolle die Rahmen für die Bilder spielten: Böckstiegel ließ sie in der Nachbarschaft anfertigen und hat sie passend zu jedem Bild selbst ausgestaltet. Sie sind immer zurückhaltend und oft erdbezogen, unterstreichen also die Motive des Malers. Diese sind geprägt von der Liebe zur Heimat, zur Familie und zur roten Erde der Region. Entsprechend heißen seine Bilder beispielsweise „Westfälischer Buchenwald" oder „Bauernpaar aus Arrode". Diese Liebe geben ihm die Menschen aus Werther und Umgebung heute zurück: Gut 60 Ehrenamtliche engagieren sich als Aufsicht im Museum.

TIPP

Das Künstlerhaus besichtigen. Karten kann man eine Stunde vor der Führung im Museum kaufen.

- Museum Peter August Böckstiegel, Schloßstraße 109/111, 33824 Werther (Westf.) www.museumpab.de
- ÖPNV: Vom Busbahnhof in Werther etwa 30 Minuten Fußweg

Allein im Kirchturm

74

In Lemgo in der Kirche St. Nicolai

Vielleicht hat sich Rapunzel ganz ähnlich gefühlt wie die Besucher in Lemgo im Turm der evangelisch-lutherischen Nicolaikirche: Denn kaum hat man mit dem Schlüssel, den man bei der Tourist-Information um die Ecke für zwei Euro pro Person ausleihen kann, das Schloss der schmalen Tür gegen den Uhrzeigersinn aufgeschlossen, ist man ganz allein. Wohlgemerkt allein in einem Kirchturm. Eine enge Treppe mit 163 Stufen und niedriger Decke führt nach oben. An den Durchgängen sollten selbst nicht ganz so große Menschen den Kopf einziehen. Schon bald hört man das gleichmäßige Ticktock der Kirchenuhr. Vorsicht ist zur vollen Stunde geboten: Wer direkt neben der Uhr steht, wenn die Glocken schlagen, kann sich aufgrund der Lautstärke erschrecken. Auf der obersten zugänglichen Plattform gibt es drei Holzläden in den Fenstern, die die Besucher öffnen können. Von hier oben hat man einen weiten Blick über Lemgo und das Umland, kann ungeniert die Menschen in den Straßen beobachten und dabei einen erholsamen Abstand von allem geschäftigen Treiben nehmen.

An der Kirche St. Nicolai ist jedoch nicht nur ungewöhnlich, dass man den Turm allein besteigen darf. Auch ihr Äußeres ist auffallend: Ihre Kirchtürme haben nämlich zwei unterschiedliche Dächer. Das Dach des rechten Turms läuft spitz zu, das linke Turmdach ähnelt einer preußischen Pickelhaube. Kurioserweise gehört der linke Turm mit dem Haubendach außerdem der Stadt, und nicht der Kirche. Deshalb bekommt man den Schlüssel für die Turmtür bei der städtischen Tourist-Information. Wer wieder festen Boden unter den Füßen hat, sollte sich auf jeden Fall auch die Altstadt rund um das Rathaus ansehen. Die erhaltenen historischen Häuser, die ungefähr zwischen 1520 und 1630 gebaut wurden, sind schöne Beispiele für die sogenannte Weserrenaissance. Von der Innenstadt sind es nur etwa 20 Minuten zu Fuß zum Junkerhaus, dem sehr sehenswerten ehemaligen Wohnhaus des Künstlers Karl Junker.

TIPP

Im Hexenbürgermeisterhaus im Zentrum wird die Geschichte der Hexenverfolgung in Lemgo aufgearbeitet.

- Evangelisch-lutherische Kirche St. Nicolai, Papenstraße 11, 32657 Lemgo
www.lemgo-marketing.de/tourismus/tourist-information
- ÖPNV: Vom Bahnhof Lemgo etwa 10 Minuten Fußweg

Unter Alltagsmenschen

75 Kunst vorm Fachwerkrathaus in Rietberg

Das ist ja eine lustige Gruppe, die sich da vor dem Rathaus in Rietberg fotografieren lässt. Aber Moment! Sind das gar keine echten Menschen, sondern Kunstfiguren? Sie sehen zum Täuschen echt aus, die Nonne im schwarzen Habit, der Geschäftsmann mit Bärtchen, Aktenkoffer und gepunkteter Krawatte und die stämmige Frau im Haushaltskittel und mit Plastiktüte in der Hand. Ein Mann mit karierter Schirmmütze und Sakko scheint sie zu fotografieren. Die Schöpferin dieser lebensecht wirkenden Figuren ist Christel Lechner, Künstlerin aus Witten. Ihre „Alltagsmenschen" genannten Skulpturen sind jeden Sommer in Deutschland in einigen Städten zu sehen. In Rietberg vor dem Rathaus stehen diese vier – den Winter verbringen sie regelmäßig in Mastholte. Der dortige Heimatverein hat sie nämlich gekauft. 2020 war die Menschengruppe übrigens für einige Monate nur zu dritt: Ein Auto hatte den Fotografen gerammt, der daraufhin in viele Stücke zerbrach. Seit dem Sommer 2021 ist das Quartett mit einer Ersatzfigur aber wieder vollzählig.

Die überraschende Gruppe könnte in Rietberg tatsächlich kaum an einem besseren Platz stehen, denn das Rathaus im Hintergrund ist eine wahre Fachwerkpracht: Gekrönt von einem kleinen Türmchen, flankiert von den beiden historischen und überdachten Treppenaufgängen, gehört es zu den schönsten Rathäusern in Ostwestfalen. Es ist gleichzeitig Wahrzeichen, aber auch Mittelpunkt der Stadt. Die Rückseite des Gebäudes bildet mit der Kirche Sankt Johannes Baptist einen fotogenen dreieckigen Platz. Zu Fuß nur wenige Meter entfernt sind außerdem in Käthes Gässchen das Drostenhaus und der zugehörige Garten. Als Drosten wurden im Mittelalter hohe Regierungsbeamte bezeichnet. Auch das Heimathaus, die evangelische Pfarrkirche und das Wohn- und Speicherhaus liegen in unmittelbarer Nähe des Rathauses und sind sehenswerte restaurierte Fachwerkgebäude. Im Heimathaus können Besucher sehen, wie frühere Generationen auf dem Land lebten und wohnten.

- Rathaus Rietberg, Rathausstraße 31, 33397 Rietberg
  www.rietberg.de/rathaus.html
- ÖPNV: Vom ZOB Rietberg etwa 10 Minuten Fußweg

Kauf

Echt zum Staunen

76 Das Junkerhaus in Lemgo

Von außen könnte man es bei einem flüchtigen Blick für ein deplatziertes Bauernhaus aus dem Süden Deutschlands halten. Doch je näher man kommt, umso ungewöhnlicher wird das Fachwerkhaus mit seinen hellblauen und ockerfarbenen Flächen, den ungewöhnlich geformten Fenstern und vor allem mit ganz viel Schnitzerei. Gebaut hat es der Künstler Karl Junker, der von 1850 bis 1912 lebte. Und wer das Haus schon von außen interessant findet, der sollte auf jeden Fall hineingehen. Denn im Inneren verschmelzen die Holzwände mit der Decke und den Möbeln zu einer Einheit. Möglich wird dieser Eindruck durch die Vielzahl an Schnitzereien, Leisten und miteinander verbundenen Stäben: Jeder Stuhl, jedes Bett, jeder Tisch ist von Junker aus Holz gefertigt worden. So stößt der filigrane und hohe Oberbau des Sofas in sogenannter Stabornamentik fast an die Verzierungen, die Stalaktiten gleich von der Decke herunterzuwachsen scheinen. Der Salon, in dem dieses Sofa steht, ist gleichzeitig das Herzstück des Hauses. Hier sind auch ein Schrank, eine Standuhr, ein Tisch und Stühle zu bestaunen. Im Gegensatz dazu steht das Zimmer, das Junker für Gäste vorgesehen hatte: Dort ermöglichen es die wenigen Möbel, dass Besucher sich die Wandvertäfelung und die Türblätter genauer ansehen können: Überall sind Leisten aufgenagelt. Selbst die Fenster sind mit Ornamentleisten geschmückt, und man kann sich beim Betrachten in den Details verlieren. Seit 2004 schließt sich an das eigentliche Junkerhaus ein modernes Gebäude an, in dem Gemälde, Zeichnungen und Architekturmodelle von Karl Junker gezeigt werden.

Der Künstler hatte ursprünglich eine Tischlerlehre gemacht. Von Lemgo ging er zunächst für kurze Zeit nach Hamburg, dann an die Königliche Kunstgewerbeschule in München sowie etwas später an die Akademie der Bildenden Künste. Einige Zeit war Junker dann in Italien, bevor er nach Lemgo zurückzog und dort sein Haus baute. In Lemgo starb er schließlich an einer Lungenentzündung.

TIPP

Auf dem Rückweg zum Bahnhof einen Umweg zum Bummeln durch die hübsche Altstadt machen.

- Museum Junkerhaus Lemgo, Hamelner Straße 36, 32657 Lemgo
  www.junkerhaus.de
- ÖPNV: Ab Bahnhof Lemgo Bus 802, Haltestelle Junkerhaus

Mitten ins Herz

77 Vom Zentrum in Halle zum Waldrand

Mit etwas Fantasie kann man es erkennen: Dort, wo die schmale Gasse zwischen den beiden Häusern auf den Kirchplatz mit der St.-Johanniskirche führt, ist die Spitze. Der weite Bogen auf der anderen Seite des Platzes kann wie ein Herz gesehen werden. Oder zumindest wie ein Tropfen. So oder so ist man hier im Zentrum von Halle in Westfalen, genannt Haller Herz. Und herzig ist es hier allemal: Die Kirche auf dem Kopfsteinpflasterplatz ist umgeben von vielen schönen Fachwerkhäusern, es gibt eine Bücherstube und ein Café. Etwas Besonderes ist das Museum für Kindheits- und Jugendwerke bedeutender Künstler. Zwar klingt der Name etwas sperrig, aber was es hier zu sehen gibt, ist einzigartig: sehr frühe Werke von Paul Klee, Otto Dix oder Pablo Picasso. Hat man im Haller Herz den Geist und die Seele erfreut, kann man auch noch etwas für den Körper tun: Durch Halle führt nämlich der Weg für Genießer. Dieser Wanderweg ist 95 Kilometer lang und verbindet sechs Stationen im Kreis Gütersloh. Von Halle aus kommt man nach Steinhagen und Borgholzhausen. Wem das zu weit ist, der dreht eine kurze Runde: Vom Haller Herz geht es etwa 20 Minuten mäßig steil nach oben, der Weg ist mit einem weißen „G" auf rotem Untergrund ausgeschildert. Folgt man der Apothekerstraße, hat man schnell die letzten Häuser des Ortes hinter sich gelassen und geht auf den Aussichtspunkt Kaffeemühle zu.

Unterhalb des Aussichtspunktes ist ein Picknicktisch mit Bänken. Dort gibt es auch eine Hörstation mit einer kurzen Geschichte zur Stadt. Zum Aussichtspunkt führt ein kurzer Weg mit einigen Stufen, dann kann man sich am weiten Blick über Halle Richtung Gütersloh erfreuen. Der Aussichtspunkt heißt übrigens Kaffeemühle, weil der achteckige kupferne Aufbau auf dem Sockel wie eine solche aussieht. Es fehlt nur die Kurbel zum Drehen. Gebaut hat die Kaffeemühle der Bremer Kaufmann Hermann Hagedorn. Er war – natürlich – Kaffeehändler. Hagedorns Familie wohnte am Kirchplatz, also im Haller Herz. So schließt sich der Kreis.

- Haller Herz, Kirchplatz, 33790 Halle (Westfalen)
  www.hallewestfalen.de
- ÖPNV: Vom Bahnhof Halle (Westfalen) 5 Minuten Fußweg

Kindheits
bedeu
"Natura magistra

Geballte Frauenpower

78 In der Privat-Brauerei Strate in Detmold

Bier ist Männersache? Nö! Schon seit 1995 stehen drei Frauen an der Spitze der Privat-Brauerei Strate in Detmold: Renate, Friederike und Simone Strate übernahmen das Unternehmen, nachdem Friedrich Strate, Ehemann beziehungsweise Vater, gestorben war. Das Frauentrio führt die Brauerei heute in fünfter Generation. Das Ergebnis sind 28 Biere und Bierspezialitäten. Etwas Besonderes ist beispielsweise die Detmolder Thusnelda, die die Strates anlässlich des 2000-jährigen Jubiläums der Varusschlacht entwickelt haben. Denn, so ihre Argumentation, möglicherweise hätte Arminius der Cherusker nicht so einfach gegen die Römer gewonnen, wenn er nicht seine starke Frau als Unterstützung gehabt hätte. Anfänglich sollte es nur rund ums Jubiläum angeboten werden, doch weil es sich von Anfang an gut verkaufte, wird es weiterhin gebraut. Ein spezielles Bier ist auch der Detmolder Bourbon Chardonnay, ein Doppelbock mit Chardonnay-Note, gereift im Bourbon-Fass, dessen Aroma ein wenig an flüssiges Karamell-Toffee erinnert. Fruchtig ist dagegen der Detmolder Royal, ein Aperitif aus Weizenbier, Prosecco und Pfirsichlikör, eine Kombination, die viele staunen lässt. Häufig schmeckt er sogar Menschen, die eigentlich kein Bier mögen. Bodenständiger ist das 2021 kreierte Naturradler mit Holunder und sizilianischer Zitrone.

TIPP
Ist der Weg nach Detmold zu weit: Es gibt auch Onlineverkostungen und einen Internetshop.

Dieses geschmackliche Spektrum zeigt bei aller Traditionsverbundenheit: Das Frauen-Gespann experimentiert gerne. Dabei bleibt es vorsichtig, von neuen Geschmacksvarianten braut man zunächst nur 8000 Liter. Kommen diese an, wird das Rezept weiterverfolgt. Ihre Strategie geht auf. Das bestätigen auch die vielen Gäste, die jedes Jahr die hauseigene Bierakademie besuchen. Die Vielfalt der Strateschen Brauereikunst erlebt man bei einer Führung durch die Privatbrauerei. Das Gebäude erinnert an ein Schloss, und die Fassade ist denkmalgeschützt. In der sogenannten Stratosphäre kann man an Bier-Tastings teilnehmen und sogar ein Bierbrauerdiplom erwerben.

- Privat-Brauerei Strate Detmold, Palaisstraße 1–13, 32756 Detmold
www.brauerei-strate.de
- ÖPNV: Vom Bahnhof Detmold etwa 10 Minuten Fußweg

Ritter und Burgfräulein

79 Auf der Burg Ravensberg bei Borgholzhausen

Eine Burg gehört auf einen Berg. So ist es auch bei Burg Ravensberg: Wer ihren stolzen Turm bewundern will, parkt beispielsweise am Barenbergweg und spaziert nach oben. Nach wenigen Metern im Ort führt der Weg durch den Wald, der Naturschutzgebiet ist. Hier kann man mit etwas Glück einen Uhu oder einen Schwarzspecht hören. Das allein ist schon entspannend für Geist und Seele. Wem der kurze Aufstieg nicht reicht, der kann Burg Ravensberg einmal umrunden und dabei ein Gefühl für die Ausmaße der Burg bekommen. Wieder am Eingang angekommen, führt der Weg in den Burghof und direkt auf den trutzigen Turm zu. Was ihn besonders macht: Er ist nicht rund, sondern hat eine eher ovale bis tropfenförmige Form. Seine Mauern sind fast 3 Meter dick. Die Anlage erzeugt ein Ritter- und Burgfräuleingefühl: ein blühender Burggarten, das Brunnenhaus, die Gastronomie im Forsthaus mit der Terrasse, auf der man im Sommer gemütlich in der Sonne sitzen kann.

Burg Ravensberg wird erstmals im Jahr 1141 erwähnt, ist jedoch vermutlich älter. In den folgenden Jahrhunderten verlor die Burg an Bedeutung, was mit der Stadtgründung Bielefelds und dem Bau der Sparrenburg zusammenhing. Nach 1733 diente die Ruine der Bevölkerung sogar offiziell als Steinbruch. Ab etwa 1835 bekamen die Burgreste jedoch wieder mehr Zuwendung, und sie etablierte sich als Ausflugsziel. In diesem Zusammenhang baute man auch ein neues Forsthaus, das von da an als Gaststätte genutzt wurde. Nach dem Zweiten Weltkrieg verfiel die Burg wieder zusehends. Erst Anfang dieses Jahrtausends gründete sich dann eine Stiftung, die mithilfe von Spenden aus der Bevölkerung und vielen ehrenamtlichen Einsätzen Burg Ravensberg erhält. Seither wurde nicht nur der Bergfried saniert, sondern auch das ehemalige Wirtschaftsgebäude des Forsthauses und Teile der umgebenden Mauer. Auch der Brunnen sieht wieder aus wie im Mittelalter, und sogar das hölzerne Rad, mit dem das Wasser gefördert wird, funktioniert.

TIPP

Am Wochenende gibt es im Sommer Führungen – auch auf den Turm und ins Brunnenhaus.

- Burg Ravensberg, Parkplatz am Barenbergweg, 33829 Borgholzhausen
www.burg-ravensberg.de
- ÖPNV: RB 75, Bahnhof Hesseln (2,5 Kilometer Fußweg)

Genuss mit Geschichte

80 In Schroeders Likör-Manufaktur in Verl

Frauen trinken Likör und Männer stehen auf Schnaps? Das ist schon lange nicht mehr so, sagt Andreas Schroeder. Mit seinen Eltern, den Schwestern, deren Männern und seiner Frau hält er Schroeders Likör-Manufaktur in Verl am Laufen. Sie gibt es seit über 200 Jahren – und zwar noch immer am Kirchplatz mit dem Hausverkauf im Innenhof. Der Eingang zum Hausverkauf ist allerdings auf der Rückseite des Gebäudes. Wer noch nie von dem Familienunternehmen gehört hat, kennt wahrscheinlich zumindest dem Namen nach dessen Verkaufsschlager, Schroeders Boonekamp. Der Magenbitter wird nach einem alten Familienrezept hergestellt, lediglich der Alkoholgehalt wurde im Laufe der Jahre von 45 auf 42 Prozent gesenkt. Enthalten sind 34 Kräuter, Wurzeln und Früchte, die zwei bis drei Wochen in Fässern reifen. Auch der „Stacheldraht" mit 45 Prozent Alkohol dürfte einigen ein Begriff sein: Andreas Schroeders Urgroßvater hat ihn vor über 100 Jahren kreiert. Nach der deutschen Teilung hatte die Familie ihn aus dem Programm genommen: Stacheldraht war von jetzt an zu negativ besetzt. Erst 1990 wurde er nach der Wiedervereinigung wieder eingeführt – mit angepasster Rezeptur, denn in der Zwischenzeit hatte sich der Geschmack der Käufer geändert: Was zur Zeit vor der deutsch-deutschen Teilung noch beliebt war, war 41 Jahre später zu scharf für die Kundschaft. Heute enthält der Stacheldraht unter anderem Ananas, Pomeranze und Ingwer.

Der Ginmania der vergangenen Jahre ist das neueste Produkt aus dem Hause Schroeder geschuldet: Krax heißt der hauseigene Gin, der speziell die weiblichen Kunden begeistert. Was ihn von anderen Gins abhebt: Er ist zu 100 Prozent biozertifiziert. Selbst der Flaschendeckel ist nicht aus Plastik, sondern aus Wachs. Sein Name geht auf Mutter Christel zurück, die auf einem Kraxer Hof, einem Krähenhof, aufgewachsen ist. Die Schroederschen Produkte bekommt man in Spirituosen-Abteilungen, online – oder verbunden mit viel Heimatgefühl im Hausverkauf im Innenhof.

- Schroeders Likör Manufaktur, Kirchplatz 4, 33415 Verl
  www.likör-manufaktur.de
- ÖPNV: Ab Gütersloh Hauptbahnhof Bus 85, 73, Haltestelle Verl, Bahnhof

JUBILÄUMS
Weinbrand
GÜTERSLOHER
DALKE
15% vol.
HEINRICH SCHROEDER KG

Gefördert durch ein Stipendium im Rahmen von Neustart Kultur.

NEU START KULTUR

Die Beauftragte der Bundesregierung für Kultur und Medien

VG WORT

Bibliografische Informationen der Deutschen Nationalbibliothek
Die Deutsche Nationalbibliothek verzeichnet diese Publikation in der Deutschen Nationalbibliografie; detaillierte bibliografische Daten sind im Internet über http://dnb.d-nb.de abrufbar.

Konzeption/Satz: Droste Verlag, Düsseldorf
Einbandgestaltung und Illustrationen: Britta Rungwerth, Düsseldorf, unter Verwendung von Bildern von © Fotolia.com: jd - photodesign.de; © iStock: Plociennik Robert
Fotos: Bettina Blaß, außer:
S. 19, 23, 41, 83, 111, 123, 143: Jörg Düspohl; S. 165: mit freundlicher Genehmigung durch die Stiftung Burg Ravensberg

FSC www.fsc.org MIX Papier aus verantwortungsvollen Quellen FSC® C011279

Druck und Bindung: LUC GmbH, Greven
ISBN 978-3-7700-2400-1

www.droste-verlag.de